ICT
Information
and Communication
Technology

英語プレゼンテーション

ビジュアルとストーリー その事例から

影戸　誠 / 編著
Gary Kirkpatrick　佐藤慎一 / 著
大久保昇 / 監修

北樹出版

は じ め に

＊プレゼンテーション力

　プレゼンテーションはスポーツに似ています。「習うより慣れる」ことが大切です。

　例えば水泳。いかに手の動かし方、呼吸の仕方が分かったとしても、プールで泳げるものではありません。水を飲みながら練習し、泳げるまでやりきらなければなりません。

　プレゼンテーションの上達には、実演されたその「音」と「所作」が必要です。それを QR 2 次元コードで提供し、見て、そして聞いてわかる実例を用意しました。スライドのデザインも読み進める中で自然に理解できるよう配置してあります。1 分のもの、グループで負荷を下げ挑戦するものです。1 分といえども、構成をしり、実演できるようになれば、8 分程度のプレゼンテーションまですぐに到達します。

　プレゼンテーションに20年関わってきました。教室での日本語・英語のプレゼンテーション、学生の国際連携イベントでの英語プレゼンテーション、研究者の国際学会でのプレゼンテーション。常に、いいプレゼンテーションとは何かを考えながら、自ら参加し、指導もしてきました。一定数にどう伝えるか、それもその人たちとインタラクションしながらどう展開すべきか、多くの高校の先生、大学教員と探ってきました。20年目にして整理しできた感があります。

　文字が多く、声が小さく、何が言いたいのかわからないようなものもありました。また、なるほど、そうだったのかと唸るようなプレゼンテーションにも出くわしました。

　いいプレゼンテーションとはどんな要素、コツが含まれているのだろうと、プレゼンテーションを聞きながら、さらには提出された日本語・英語プレゼンテーションを分析しました。一番多く費やしたのは、ビデオに収録したプレゼンテーションの分析です。その結果、すばらしいプレゼンテーションを支える

要素は次のようなものでした。

- ・話す力：講演台に隠れない　両足でしっかりと立つ　立ち姿がいい　表情が
  ある　聞き手を大切にする　会場に呼びかける　質問を投げかけ共に考えよ
  うとする　メリハリのある声、立ち位置を変える　時に気分を変えてくれる
  聞きやすいスピード（英語だと130語、日本語で300文字）
- ・構成：シンプル　明確なコアメッセージ　トピックが３つ程度　具体例の展
  開　明確な自分の意見　オリジナリティ　責任ある発言・意見　行動喚起
- ・スライド：ICT活用　核心を伝える写真　直観的にわかる素材　傾向を端的
  に伝えるデータ　思考を支えるキーワード提示
- ・プレゼンテーションの後：何が伝えたかったのか思い出せる　感動や勇気が
  わく

　ここまで実践できるまでにはかなりの訓練が必要です。自信のある声になる
ためにはその分野での真摯な取り組みが何年も必要なのかもしれません。これ
らの要素は英語、日本語に共通なものです。

＊EFL と英語プレゼンテーション

　この本では日本語・英語プレゼンテーションを支える原則を述べ、主に英語
プレゼンテーションの構成、スクリプトと AI 英語、英語の訓練についてその
要点が述べられています。実践の中から出た Tips 集です。

　英語は EFL です。外国語です。日常的に話す言語ではないのですが、世界
がいま繋がり動いているとき、大学、高校、会社、地域で英語で伝える力はよ
りいい人生を送るために必要な力です。この本を手に取る皆さんはすでにその
ことにお気づきと思います。

＊本書の使い方

　「見せて話す」「動いて語る」「反応をみて言葉を足す」とはプレゼンテーシ
ョンの基本です。まず、プレゼンテーションのイメージ、自分の到達目標を掴
みたいという方は、３章から読み始めてください。

作り方の原則に触れ、実際の音声、その立ち位置、ジェスチャーを見ながら自分の到達イメージを作り上げることが出来ます。この本は2次元コードで多くのデジタル教材を提供しています。音声、PPTファイル、発表原稿ファイル、プレゼンテーション大会での動画、海外の学生とのコラボレーションの様子です。2章では、AI語（AIに適した検索方法）の例があり、4章には20年継続的に取り組み完成形を探し続けてきた高校、大学のプレゼンテーション例があり、モデルとして活用してください。

聞くだけではプレゼンテーションはできません。かならず部分でも、単語でもいいので音声とともに発話することを心掛けてください。単語一語でもいいのでシャドーイングしてください。発話すればするほど、記憶の残り、いつでも取り出せるフレーズとなります。

近い将来この本を手にしていただいたみなさんが、世界のどこかで、安心してシンプルでスマートな英語プレゼンテーションに挑まれることを願っています。自分のポテンシャルとも出会い、さらに豊かな時間を作り上げていってください。

＊多くの先生方との連携　（所属先は2019年現在）

この本は文部科学省後援行事「ワールドユースミーティング（WYM）」さらに、台湾での Asia Students Exchange Program（ASEP）をともに運営してきた高校の先生方、大学の先生方の知見、ご意見、指導方法を参考に書き上げました。両方とも20年以上継続している国際連携プロジェクトであり、英語プレゼンテーション研究の舞台としてきました。グローバル人材の育成が目的ですが、手段として協働プレゼンテーションへ挑戦してきました。

福井県立福井商業高等学校、田嶋基史先生、伊藤仁美先生、青山秀樹先生、林　淳子先生、渡辺さゆり先生たちには授業に英語プレゼンテーションを連動させたモデルを見せていただきました。奈良育英中学校・高等学校、宮下陽帆先生は同校のグローバル教育のデザインを行いつつ、プレゼンテーションの意味を共に考えていただきました。永野佑樹先生もそうです。

南山国際高等学校・中学校の西　亮先生は、海外生徒との協働作業を大切にし、コンフリクトを協力にまで高め、プレゼンテーションを作り上げてきました。

　東京国際大学の五十嵐義行准教授は毎年素晴らしいモデル実演をしていただいています。関西大学外国語学部の吉田信介教授はグループダイナミックスの知見を共有いただきました。

　立命館中学校・高等学校の淺川行弘先生は常に最先端のプレゼンテーションを見せてくれ方向性を提案いただきました。国際という学習環境を生かした立命館宇治中学高等学校上杉兼司先生とは、20回近く台湾を共に訪れ、協働プレゼンテーションに取り組んできました。ASEP では大阪市立東高等学校　池田明先生のマネジメントで、異文化の地台湾で、アジアを考えながら協働プレゼンテーションに取り組むことができています。

　英語力の引き上げ、WYM の英語指導にはアルファ英語会の中西哲彦先生の力が必要でした。また学外との連携、推進、プレゼンテーションを含めた体験学習の授業「国際交流ファシリテーション」では、同僚の小國和子教授には多文化に対する態度など多くをご示唆いただきました。本書の教材の録音には、Luke Ford 先生（フォード English School 校長）、卒業生の吉田尚子さん、平原海君にお手伝いいただきました。

　今回監修を引き受けていただいた大久保　昇氏（株式会社内田洋行社長、日本教育工学会理事）は、この２つ大きな国際プロジェクトに20年間寄り添い、英語プレゼンテーションの要点、アジアにおける英語教育の在り方、国際連携と組織運営についてご助言いただきました。世界を歩き世界の第一人者と接してこられた大久保氏のご経験から私たちはとりわけ、グローバル人材の育成、ICTの教育活用の分野で多くを学ぶことができました。

　その他国際連携プロジェクトを共に進めてきた皆様のご協力、ご支援、そして活動した時間に、衷心からのお礼を申し上げます。

2019年12月　　影戸　誠

目　　次

──────── 主要QRコード目次 ────────

さくら　ファイル　音声　QR（71）

1枚を1分で語る　音声QR（72）

自己紹介　1分QR（73）

直して使えるPPTファイルQR（77）

中学英語　幸せの要素ファイル音声QR（88）

グループで取り組む「おもてなし」PPT、音声QR（96）

中学生英語プレゼン「四季」PPT、動画QR（104）

学生8分プレゼンテーション音声QR（110）

高校・大学発表事例PPT、音声QR（112-150）

論文の書き方（157）

ICoME国際会議（173）

学術論文（175）

ICT 英語プレゼンテーション

Chapter 1
プレゼンテーションで知っておくべきこと

1. 人を動かす

プレゼンテーション
ビジュアルファースト
情報伝達
感動共有
行動促進
コアメッセージの定着

　プレゼンテーションとは、多くの聴衆に効果的に情報伝達し、感動を共有し、時には新しい行動を促進する働きかけといえます。話す力と、それを支えるファイル＝スライドの力です。あくまでプレゼンターの話す力が中心であり、もっと聞いてみたいと導くのがスライドです。

　聴衆とのインタラクションを保ち、内容を的確に表し、言葉でひきつけ、それらを支える直観的でわかりやすいスライドを見せながら、ストーリーを描き、展開するものだと考えます。

　高校生・大学生を見ていると、プレゼンテーションファイルが出来上がったところで、失速してしまうことがあるようです。ドラマにたとえるならば脚本を手にしたところで力を抜くのに似ています。プレゼンテーションの訓練は、発表する際の立ち位置を考え、声に出し、聴衆を揺さぶるがごとく演じる＝話すことが中心となるべきです。この関係性がしっかりつかめていれば、そのプレゼンテーションは成功へと導かれます。

　また一方でスライドに関していえば、ICT が日常的なものとなっている今、プレゼンテーションファイルのデザインは大きな力をもっています。メディアの活用がより多くのイメージ、言葉の共有をもたらしつつあります。このごろの CM では言葉は極力削られ、動画、写真が効果的にちりばめられています。メディア活用にも多くの力が秘められています。伝えたい核心であるコアメッセージを共有する 1 つの手段です。

　写真やデータの活用は、より具体的なイメージ共有につながりますし、説得

力を高めます。さらに、対面でのプレゼンテーションの場面があれば、それらに言葉、表情、意欲が加わり確かな伝達力となって、次の瞬間を変えていきます。この素晴らしい伝達手法であるプレゼンテーションには、知っておくべきことがあります。筆者らは20年間、学生・高校生の日本語、英語のプレゼンテーションに接し、指導してきました。日本だけでなく、海外での英語プレゼンテーションも積み重ねてきました。その知見を皆さんと共有したいと思います。

■ 1．誰が一番の勝利者か？

情報を磨く

図1-1　輝く情報に

それはプレゼンターであり、ともにプレゼンテーションをする仲間です。プレゼンテーションを作成する段階、すなわちコアメッセージの決定、トピックの決定、結論の書き出しなど、この一連の流れの中で、苦悶し、プレゼンターはそのテーマに対して理解を深めます。

近頃、ロヒンギャの問題や、EU における移民排斥が大きな問題となりつつあります。例えば、プレゼンターがこれらの問題を取り上げるならば、単に情報収集にとどまらずに、目先の利益を考える集団行動＝ポピュリズム、それらに対して、第二次世界大戦のユダヤ人に対する虐殺の反省に立って対応しようとするドイツの立場について考えます。そのグローバリズムについて考察することにより、個性的な視点をもったプレゼンテーションを作ることができます。「確信ある」呼びかけとなります。それがまた自分の中の「引き出し」「宝石」として留まります。この引き出しは、プレゼンテーション以外でも働き出します。人と論議する時、他の領域について考える時の大きな助けとなります。

プレゼンテーションを作り上げる過程は、自分作りの大切な自己研鑽の機会なのです。プレゼンテーションを行う側の責任として、目の前にしっかりと立ち、自分の判断や、新規性（Novelty）、創造性（Creativity）を提案したいもので

す。プレゼンテーションは誰が見ても価値のある情報提供です。一般的な情報であれば、誰もがインターネットから自分で取り出すことができる、そんな時代であればなおさらです。

■ 2. プレゼンテーションで手にするもの

ラーニングピラミッドという言葉を聞いたことがあるでしょうか？　これは学習者がどれだけ学べるか、その学びの方法について図式化したものです。学生や高校生にとって、知識をためることが重要とされる銀行型（Banking Style）では、実は主体的な知識獲得につながらず、知識の定着があまりないといわれています。

プレゼンテーションは、ある内容を人に伝えるために、調査し、内容を精査し、さらに伝わるデザインを考え、語り伝えるものです。このプレゼンテーションは次の図のどこにあたるでしょうか？　人に伝え、説明する活動ですので、学習定着率90パーセントの活動といえます。人に伝える前に、自分との対話の中で、知識はどんどん定着していきます。

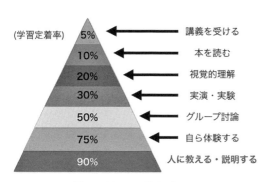

図1-2　ラーニングピラミッド

「人に教えること」（Teach Others）ができるということは、伝えることの何倍も背後に知識が必要ですし、そのような準備をプレゼンテーション作成の過程で行うこととなります。

■ 3. 放送局型から Interaction スタイルへ

1995年に情報教育が教育現場に入ってきました。プレゼンテーションも、文化祭、教科の授業の中で取り入れられ、聞き手に効果的に、ビジュアルに伝達

する方法として定着しています。わかりやすく、図や写真を使いながら、話すことを中心にして、情報を伝達する方法です。

　ある程度練習をすれば、放送局のアナウンサーのごとく、見事に伝え、間を取ってしゃべるところまでできるようになります。それでも、双方向化というと容易ではなく、一方的に伝えるプレゼンテーションに留まっています。その場にともにいるという状況を踏まえたコミュニケーションを行うと、さらに相互理解が深まっていきます。オーディエンスとのやり取り、インタラクションがその時間を活かします。一方通行に終わらせないことが、学校でのプレゼンターの大きな課題です。プレゼンテーションは最高の学びの手段なのです。

2. 10に絞ってコツを語ってください！といわれたとするならば

1. しっかりと立つ、そして動く

図1-3　北京の国際大会で日本の教育改革を力強く伝える。㈱内田洋行社長　大久保昇氏

　時間を割いて会場に来た聴衆は、信頼に足る人から確信ある内容を聞きたいと思うはずです。そう思った時、集中してプレゼンターの話に心寄せます。

　熱心に伝えようとする態度は、見てほしい図を指し示したり、思わず手を差し伸べたりする「動き」となって表れ、聴衆はさらに話に引き込まれていくでしょう。立ち位置も変え、トーンも変わって来ます。

　「この人の話はよかった、この人が伝えたかったのはこれだ」とコアメッセージを会場から持って帰ったとすれば、そのプレゼンテーションの時間は、プレゼンターと聴衆、双方にとってとても豊かな有意義な時間であったといえます。コアメッセージを支えるトピックが見事に機能した証拠ともいえます。

■ 2．How You look?　(相手にどう見えているか)

図1-4　現場教員、学生生徒160名と台湾高雄市の
Asian Student Exchange Program へ

プレゼンで緊張して、上がってしまうという人は、自分が失敗しないようにと、自分に目が向きます。「自分を愛する（執着）ことによって人はダメになる」（西郷南洲）のごとく、自分に目をやらず、聴衆の目で自分の姿を見ることです。壇上、あるいは部屋の前での立ち姿、自信があるように見えますか？　伝えたいメッセージを携えているように見えますか？

この人から今日はいい話が聞けそうだと、心を開いてもらえる立ち姿で臨みましょう。そう考えると最初の一言は、明るく共感を得る呼びかけで、からだ全体をみせて「ニンハオ！」でしょうか？

■ 3．顔の表情

図1-5　日本の WYM に参加したカンボジア学生。
明るい未来、教育の改善を伝える。

鏡を一日何回見ますか？　そのあなたの表情を見ながら、聴衆はプレゼンを聞きます。うれしそうな表情、驚きの表情、共感をもたれる表情、それらをプレゼンの中で受け取り、聞いていきます。聴衆は、あなたのその表情とコミュニケーションしながら、あなたの重要なメッセージ（コアメッセージ）を受け取ります。

表情も重要な伝達手段であることを、つかんでいますか？

■ 4．質問する、呼びかける

図1-6　台湾の2018ASEP での発表。笑顔で呼びかけ、その反応でつぎに進める。インタラクション重視のプレゼン

聴衆とのインタラクションとは、聴衆に動きを与えることです。質問して考えてもらう。質問して選んでもらう。質問して写真が訴えようとしているものを考えてもらう。あなたが話す以上に、聴衆一人一人が、主体的な動き、参加を設定していますか？　立ち位置を変えて、別の質問をしていますか。

考え、予想する主体的な動きは、聴衆に満足感を与え、また「自分が予測し考えた」ことで、自分の中に情報を定着させます。プレゼンのメッセージの定着をもたらします。

■ 5．強いファイル

図1-7　1枚の写真が立山を代表する

図1-8　主張の弱いファイル

　そのスライド、伝わるメッセージは明確ですか？　視覚的な雑音（Visual Noise）を与えていませんか。その1枚のスライドが何を語るのか吟味しましょう。立山の雄大さを示すのであれば、1枚で十分です。余計な写真やデータを取り除き、メッセージを強め、共感を引き起こしましょう。

■ 6. 私がそこにいる

　プレゼンテーションに退屈させない工夫、それはストーリーを与えることです。私を語る時、話は活き活きとしてきます。例えば、電化製品のまだ不十分だった1960年代の時代を語る時に、個人の経験から話してみます。「まだ電化製品がとても少なく…」「テレビがわが家に来てしばらくたって、学校から帰宅すると母親が農作業を終えてテレビを見ていました。しかし画面は雨降りのザーザーの状態でした。チャンネルの切り替え方を知らなかったのです。回すことを知らなかったのです。わずかに聞こえる音声だけを聞きながらどれくらい座っていたのでしょうか。」「テレビはどの家にも遠い存在だったのです…」

　"私"がそこにしっかりと立ち、ストーリーを絡め、伝えていく時、聴衆一人一人と関係が成立します。聴衆一人一人の思いが引き出され、プレゼンの内容理解を深めます。つまり「私」を語ることで、自分自身もテーマとの関連が明確となります。主張もより鮮やかとなるのです。また言葉も強く押し出せます。

■ 7. 宝石のように価値あるメッセージ

　そんな話があったのか！　そんな見方があったのか！　聞くに値する情報となっていますか。自慢話ではなく、聞き手に価値のある情報を与えるため、磨きをかけることが必要です。

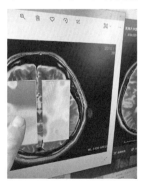

図1-9　手を動かす部位と、考える部位は全く異なる

　「50センチ革命（経済産業省）とは、身近な人が、知見を相互共有し、相互に越境し新しい智を作り上げる、チェンジ・メーカーとなること。」

　「授業で、疑問をもって話を聞くと、脳の血流はどうなっているのでしょう？　ただ板書を写すだけの時とはどんなに違うかご存知ですか？」

　説得力ある「情報発信」は自らを豊かにするとともに、聞いてよかったという満足感を相手に与えます。

■ 8. 300文字、130語の声

図1-10 毎日のニュース

日本語は、平たんであることから、私たちの発話は自然に、つい変化の少ない単調な（Monotone モノトーンの）しゃべりとなってしまいます。

プレゼンテーションは演劇ともいえます。「英語的な発音」「強弱のリズム」「演劇的な発話」「落語のような表情」など、人を引きつける工夫が必要です。

なぜあそこでどっと笑ったのだろうと日頃からコミュニケーションを豊かにする力について考えてみてください。

以前NHK名古屋放送局のディレクターの方に聞いたのですが、アナウンサーの新人研修では「300文字」（1分）のしゃべり方を徹底的に指導するそうです。人に伝えるには技術が必要なのです。

NHKのアナウンサーは、見事にわかりやすく伝えます。「7時のニュースです。」の挨拶に始まり、ニュース項目全体を最初に見せ、一つ一つのニュースを展開します。そう表情豊かに、声にも表情をつけ、聞きやすいスピードで伝えます。毎日のニュースは、プレゼンテーションのロールモデルを得る貴重な時間となります。

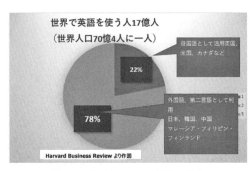

図1-11 世界人口の1/4が英語を使う

1分間300文字：このスピードで展開し、大変聞きやすく、画像との連携もとれています。1分間300文字は日本語プレゼンテーションに取り入れたい、「話すスピード」です。

一方、私たちの英語プレゼンテーションは、英語を母国語とする約4億の人だけでなく、第

二言語として英語を活用している17億人のためのプレゼンでもあります。彼らに向けてのプレゼンが今後増えていくことでしょう。伝え、理解してもらえるスピード、それが1分間130語のスピードです。このスピードの鉄則を守れば、かなり「聞きやすい」プレゼンテーションとなります。後ろの方にいる人に十分に伝わる音量、マイクと口との距離など、チェックすることを決して忘れないでください。スピードとマイクのハンドリングは決定的な要素です。

■ 9. リハーサルで支える

図1-12

ビデオカメラで撮り、自分のプレゼンテーションを振り返れば、どの程度のものかは、一目瞭然です。勇気はありますか？　これができる人だけが、成功の喜びを得、人を動かすプレゼンテーションができます。

また、発表の日時が決まれば、そのストーリーを思い起こし、わずかな時間でも、1つのトピックを声に出して練習することです。常にプレゼンテーション音声と生活することが表現を確実に磨きます。暗記して伝える、朗読コンテスト（Recitation Contest）とは違うのです。

あなたの意見がそこにあれば、毎回表現が少々違ってもいいのです。伝える内容が同じであればいいのです。そうすれば、真っ白になることなどありません。私は今「皆さんに伝えに来た、教えに来たプレゼンターなんだ」としっかり立ち、始めてください。

■ 10. 走り続ける

　プレゼンテーションのベースは、「話し言葉」です。ですから一定多数を前にして話す機会を意識的に持つこと、年に4回程度日本語・英語プレゼンテーションに取り組む、時には1枚の写真を使ってのプレゼンテーションに気楽に取り組む習慣をつける、そのような日常的な努力が必要です。「これって英語でなんて言うのだろう」という自問自答を繰り返す人は多くの「表現」を修得します。英語をそばに置く感覚が、英語プレゼンテーション力を磨きます。

　また日本語のプレゼンテーションであっても、どのような順番で話すと伝わるのか、どんなキーワードを使えばわかりやすくなるのか、これらを考えることが、プレゼンテーション全体のレベルを上げます。10と限られれば、これらの Tips（コツ）となります。では次にさらによりいいプレゼンテーションを作るための「知るべきこと」を述べていきます。

◆ 3．日本語／英語プレゼンテーション：作成手順 ◆

1．テーマの決定
2．相手に残したいメッセージ決定（コアメッセージ）
3．話す順番を組み立てる　3つのトピック
4．プレゼンテーションに使う写真、素材を選び、並べてストーリー化

■ 1．テ　ー　マ

　どうしても伝えたいテーマを決定。強く訴えたいことは何ですか？　私たちのこの本は「日本の若者が、世界を拓く英語プレゼンテーションを身につけてほしい。その Tips（コツはこれだ！）」というテーマで臨んでいます。

　「和食について」「戦争について」「高校生について」といった大きな話題から、和食であれば「日本食、その味、姿、四季との調和」など具体的なテーマに絞り、最後までがんばれるテーマを決定しましょう。

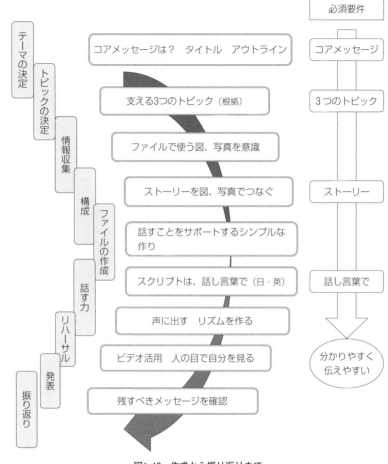

図1-13　作成から振り返りまで

■ 2．コアメッセージ

　何時間もかけてプレゼンの準備をしても、ただ伝えるだけでは人はほとんど話を聞いていません。わかりやすい、共感のもてる呼びかけをしていきましょう。どうしてもこのことを理解してほしい、一緒に行動してほしい、そういった言葉の具現がコアメッセージなのです。特にグループでプレゼンをすること

が多いので、ぶれない共通メッセージの確認にもなります。

　日本語で100語程度のコアメッセージを決めて、それを支えるトピック（根拠）を考えましょう。そこにはあなたの気持ちや思いがあります。

例１：「海外からの観光客も増えている。日本食の良さを伝えたい。四季折々の季節の旬のものを用い、さらに素材の色を活かし、盛りつける。また日本の水は軟水であることから素材の味を引き出すことができる。山の幸、海の魚介類もふんだんだ。」（108字）

例２：「掃除、給食、部活など日本の教育は世界に例を見ない特徴がある。おもてなしという考え方は、助け合い・尊重という教育活動の成果といえる。日本の教育の質は高く、その特徴を再認識しよう。」（88字）

■ 3．タイトル

　新聞でいう見出し、プレゼンシート１枚目の題です。ニュースのタイトルでは、13文字程度を基準にしているそうです。「○○○最年少優勝」などです。この長さは、聴衆を引き込むのに効果的です。短く、コアメッセージの中の言葉を使います。例１のコアメッセージだと、「日本の食、その水と味」、例２では「再発見！日本の教育」などがあります。

　英語の場合、10ワード程度の長さが把握しやすいリズムあるタイトルとされます。「Osaka Ranked Among Best Big Cities」（大阪が外国人にとって訪れたい最高の都市の仲間入り）「高校生から始める現代英語」より（NHK2019年３月号）というタイトルがありました。海外でも東京、京都はすでに有名ですが、大阪がこのごろ注目されているようです。

■ 4．支える３つのトピック（根拠）

　コアメッセージをサポートする３つのトピックで柱を作ります。３つという数は人の記憶に残りやすいものです。身近な具体例を表す写真から入るのか、今後の方向性を示す図を使うのか、聞き手のニーズに合わせて３つのトピック

図1-14 どんなトピックを見て構成
するか

の順番を考えましょう。

　多くを一度に伝えると、「いろいろ言ったけど、何が言いたかったのか」わからなくなってしまいます。これを避けましょう。

■ 5．ビジュアル素材

　必要な写真、情報を集めます。和食であれば魚、野菜、すし屋、料理人など。軟水に関する情報、インバウンドの数の変化、海外旅行客へのアンケート結果などトピックに関連したものを集めます。

　思わずひきつけるビジュアルな素材は力強くメッセージを伝えます。まして英語プレゼンであれば、翻訳のいらない写真は伝える強い力をもっています。

図1-15 並べると見える
ストーリー

どう見せるかのデザイン、ICT 力が力となります。ICT 力、発話力、人間力の総結集を Visual Aids で発揮しましょう。

　説得力ある写真を並べ、ストーリーを考えます。3つのトピックの結論から1つ選び、全体の結論部分を構成します。

■ 6．スクリプトを書く：短く、平易に

　友達に呼びかけるように「話し言葉」で書きます。エッセイとは異なります。口に出しながら、シンプルに小学生でもわかるように書きます。1つの文章には1つの意味をもたせます。短く、シンプルで分かりやすい表現に徹します。

　話しやすい英語は同時に聞きやすい英語です。時に具体的な事例を入れれば、ぐっと分かりやすくなります。日本語でも英語でも、相手がどれだけのことを知っているかを考えて書きます。例えば、「日本の水道水は何も手を加えずそのまま飲むことができる」「自動販売機があちこちにある」ことなど海外の人にとっては大変珍しいことです。

■ 7. 話す力：自分と聴衆をつなぐ要

【スピードに配慮した
プレゼンテーション】

スライド作成が終われば、発話練習、ジェスチャーなど体全体での伝達練習、リハーサルへと進みます。

いろいろな大会で良いといわれたプレゼンを見てきました。それでもまだ、速いのです。話すスピードの基準は覚えていただいたでしょう？　日本語であれば、1分間300文字、英語であれば1分間に130語程度のゆっくりとしたスピードで話せているかチェックをします。つらくなると早口になります。ゆっくりと話し、キーワードの前に間を置くなどの工夫を加えていきます。

自信をもって話せない単語、発音しにくい文などどんどん変えていきます。言葉によって伝えるものですから、話す力をつけることはもっとも重要です。一番時間を取らなくてはならないところです。

■ 8. リハーサル：ビデオでチェック

自分の姿がどのように映り、どのように受け入れられているのかを観察します。立ち位置、姿勢、手の動き、表情、キーワードの扱いなど確認します。

客観的にみると、自分のプレゼンの癖が見えてきます。抑揚がない、間の取り方が十分ではない、しゃべりながらスライドを動かしている、途中でストーリーを失っているなどに気づくことができます。しかし繰り返しによって、最後には「自分の言葉で自然にいえる」ようになります。

声を出しながら散歩するなど、「発話」の時間を増やしましょう。また、日頃の自分の生活のリズムに合わせて、短時間10分でも20分でもこの訓練を毎日行えると、格段に良くなってきます。口に出すことが大変重要です。われわれの日本語もそのように無意識に訓練した賜物です。

■ 9. 発表：会場の特徴を活かす

いよいよ発表です。服装、会場の温度、機器のチェック、プロジェクターの明るさ、聴衆の座席の配置と自分の立ち位置を確認します。

30分前に入り、会場の特徴もつかみます。騒音の有無や、もし私があの椅子に座って聞くのなら、自分の姿がどのように映るのかなど、想像します。予備のファイルをUSBに入れておくなどの準備もしっかりと。誰かにマイクで話してもらい、音量のチェック、マイクの性能、聞こえ方をチェックします。

「――今まで、しっかりと準備はした、何度も練習した。自分の情報は十分に価値のあるものである。それを、『渡してあげる』のがこの舞台だ。それが今の仕事だ。私がうまくやることなどどうでもいい、情報の伝達なのだ！」と自分に言い聞かせれば、あがることなどなくなります。ぜひやってみてください。

■ 10. 振り返り：「どんなことが残っていますか？」

会場の聴衆、あるいは聞いてもらった人に、「どんなメッセージが残っているか」たずねてみましょう。そのメッセージがコアメッセージに近いものであれば、成功といえます。

あまり明確な返事がなければ、「○○については、どう思いましたか」など理解度をチェックし、伝わっていないトピックがあれば、今後のプレゼンテーションに工夫を加えましょう。親しい人には改善点も聞き、その中の2つ程度メモをして、今後に活かしましょう。

◢ 4．プレゼンテーションの成長 ◢

原稿もファイルも完成し、実際に多数の前で、プレゼンテーションをする時の評価基準です。プレゼンテーションはスポーツに似ています。やればやるほど習熟していきます。日本語、英語プレゼンテーションに共通です。急には満点のプレゼンテーションができるわけではないので、成長へのステップを確認し、前へと進んでいきましょう。

大切なのは、残したいメッセージ（Core Message）が確実に聴衆に残るということです。このことを大切にして練習を重ねていってください。次にプレゼ

ンテーションの達成度の目安として、点数とその状態を紹介します。

■ 1．10点〜：蚊の鳴くような声しか

　最初は、とにかく人前に立つという挑戦です。初期の段階では声が出ません。人々はメッセージを受け取りに来ています。あなたよりも、あなたの話す内容に興味があるのです。この点をしっかりと踏まえ、自分の役割、自分より情報に価値があることを意識していきましょう。両足でしっかり立って顔を上げることが大切です。

■ 2．20点〜：原稿を読むだけ

　伝えることが大切です。教えてあげるのです。自分に注意が向きすぎると、読んで、そつなく終わろうとしてしまいます。聴衆は、そこにいることの意味、インタラクションを期待しています。質問することや、反応をみて、言葉を足してくれることを期待しているのです。

　読むことより、伝えるということを意識して、友達に話しかけるように話しましょう。

■ 3．30点〜：大きな声で

　大きな声は、会場を明るくします。また後方の人にも伝わります。また自信、確信にみなぎっているように見え、安心して聞けます。音量を意識して、会場のすべての人々に伝えましょう。友人に後方に立ってもらってサインをもらうのもいいアイデアです。時にマイクから離れすぎで、声が届かないこともあります。これは避けたいことです。

■ 4．50点〜：顔を上げて

　顔が上がると、聴衆の表情が見えてきます。自分の発した言葉への反応も読み取ることができます。聞き手は自分とプレゼンターとの関係、1対1の関係の中で話を聞いています。

顔を上げて、会場にまで足を運んでくれたその方の時間を大切に、丁寧に伝えていきましょう。顔を上げ、アイコンタクト、あるいは「鼻」を向けるという表現もありますが、確実に聞き手とインタラクションを取りましょう。

■ 5．70点〜：スライドを効果的に使う、聞き手に活動をさせる

スライドをしっかり見せ、間を使い、読み取る活動を促します。スライドを見せながら「彼らの表情から何が読み取れますか？」と間を置き、呼びかけます。呼吸に似て、吸い込むだけでなく（聞くだけなく）、吐くこと（受けとめ考えること）もしてもらうのです。

聴衆から見て、注視し読み取る活動も誘発されれば、より深くメッセージが定着することとなります。

■ 6．90点〜：相手の反応を見て

予想外に、聴衆が興味をもつ場面があります。表情が和らぎ、あなたへの共感を呼びます。その時間が生まれたら、質問を足したり、別のエピソードを添えるなどして、情報の「強化」を行います。その人はあなたの熱心な聴衆となるでしょう。

■ 7．100点：必要に応じて言葉を変える

葛藤を与えるといってもいいかもしれません。プレゼンテーションがスムースに終わろうとしているところで、問題提起をしてみることも、定着には必要です。

「この点、皆さんだったらどうされますか……？」「いくつかの方法が考えられます。例えば——、どんな方法を取りますか（15秒黙る）？」その人の言葉でプレゼンの内容を定着させることができます。15秒はプレゼンターには長く感じますが、考えるには必要な時間です。ここまでくると隣の人と話してみてくださいと呼びかけてもよいでしょう。頻繁にはできませんが、より深く定着させる「葛藤の場」をつくり、聴衆が自分の言語で次の一歩を語れたとすれば、

プレゼンテーションとしては大成功といえます。

大きな声で ⇒ アイコンタクト ⇒ ジェスチャー ⇒ インタラクション ⇒ 定着

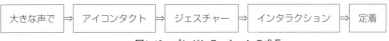

図1-16　プレゼンテーションの成長

5．プレゼンテーション時：聴衆の動き

日本語、英語のプレゼンテーションが始まった時、どのように聴衆の心は動くのでしょうか？

最初に明るいはっきりした言葉でスタートします。「やる気だな」「伝えたいことがあるんだな」と思ってもらえるように。その気持ちがあると、いつの間にか、一歩前に踏み出してしゃべり始めているということが起きます。

「このプレゼンテーションで、○○を明らかにしたいと思います。」「○○の事例をご紹介し、美しい海を取り戻す方法に、皆さんと取り組みたいと思います。」

呼びかけに対して、「価値あるかな？」「聞いてみよう」「そうか！」「なるほど！」「面白そう」と心が動きます。プレゼンターの呼びかけ、導きによって

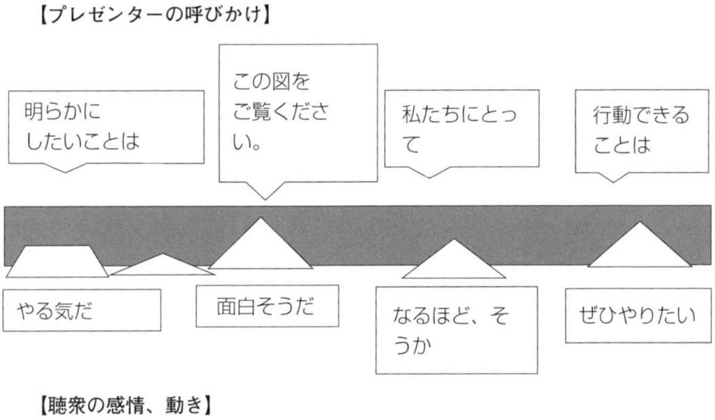
【プレゼンターの呼びかけ】
明らかにしたいことは
この図をご覧ください。
私たちにとって
行動できることは
やる気だ
面白そうだ
なるほど、そうか
ぜひやりたい
【聴衆の感情、動き】

図1-17　聴衆の心を動かす

会場はより話に耳を傾けるでしょう。プレゼンターが会場のコンダクターともいえます。

　会場を出て振り返った時、「そうか！あの人はあれが言いたかったのか」と思い出してもらえればそのプレゼンテーションは成功といえます。またその思いは、「よし、自分でも調べてみよう」「これからは注意してみよう」と新たな行動促進を導きます。

　そして当然、呼びかけ、説明の力は、訓練によって研ぎ澄まされます。以下ポイントです。

・「私」を語ると、人は注意を払います。そして具体的な経験に聴衆は関心をもちます。そして今日はどんなことを話すのだろうと関心を高めます。
・聴衆の目線が移動している時にしゃべらない。読み取る時間も与えましょう。
・最初のトピックのまとめです。最初のポイントを示し、聴衆の意見と同じかどうかを問います。そのような方法で、1つ目の内容を定着させます。
・わざと陥りやすい失敗例を提示し、ともに考えてもらいます。聴衆は「聞くだけ」でなく、働きかけられ、自ら考え、プレゼンテーションスライドの良し悪しの判断まで、誘い込まれます。

　このように、対話的に展開し、さらにストーリの重要性や、話し方について語ります。合計3つのトピックの説明が終わってまとめに入ります。

・「思い浮かべていただけますか」の言葉で、聴衆はこれまでの話を振り返ってくれ、要点を探そうとします。そこでさりげなく、3つのTips（コツ）があったことを確認して終わります。

　聴衆の動きが、プレゼンターとのやり取りで流れていき、しだいにメッセージが定着していくことが理解できたと思います。

　言葉の力を増やす訓練に学生たちは取り組んでいます。その一部をご紹介します。

■ 1．後ろ向き訓練

1人に対して、後ろ向きで4人に前に立ってもらいます。その距離2メートル。後姿の友人に向かって話しかけます。どのスライドでもいいので、順番に役割を代わり実施します。

表情のない、後ろ向きの姿に対して語りかけることによって、言葉の力を自覚できます。

「すみません。右手上げてくれますか？」の言葉に全員が反応すれば、呼びかけの間としては大変うまくできたということになります。

■ 2．相手に響く腹式呼吸

スピーチ、プレゼンテーションは腹式呼吸でといわれます。まっすぐに立ち、背筋を伸ばして、おへその少し下（丹田）を意識して発話練習をします。生徒・学生の練習をみていると、お互い5メートル程度離れて見通しのいいところでやっています。その訓練で恥ずかしがらず、しっかりと声を出すことで発話できるようになります。

■ 6．世界に通用する英語プレゼンテーション

■ 1．誰もが8年間の学び

中学で3年間、高校で3年間、大学で少なくとも2年間は英語を学びます。上に上がればそれにつれて単語レベルも上がり、訳読も難解となります。大変苦労して英語を学習しています。次から次へ課題が提供され、常に「覚え」「訳す」ことが求められ、追いかけられながら、英語を学んでいます。知識習得に多くのエネルギーが割かれ、活用レベルへとその知識を活かす場面があまりになかったように思います。

世界を見ると、英語は使用言語として一番多く話され、その数17億人といわれます。圧倒的な人口を誇る中国語（13億人）よりも多く、外交力、経済学、コミュニケーションから見た時、英語は圧倒的に優位とされています。一方で

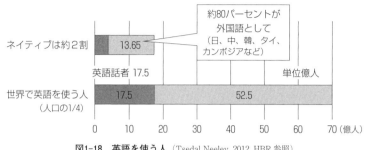

図1-18　英語を使う人（Tsedal Neeley, 2012, HBR 参照）

は、「会話は中学校レベルで十分、1,500語レベルの英語でほとんど話せる」ともいわれます。Voice of America（www.voanews.com）の１つのプログラムVOA Special English（learningenglish.voanews.com）は世界で起きている内容を取り扱いながらも、1,500語レベルで十分に理解できる内容です。英語は言語ですから、それを身につけた人が、世界の人々とのコミュニケーションに活用し、自分の世界を広げるための手段です。

■ 2. 簡単平易な表現こそ

図1-19　総合力としてのプレゼンテーション

簡単平易な短い口語英文で英語プレゼンは実施され、英語のレベルの高低ではなく、情報交換、協働、創造の手段として生徒・学生たちに多く活用されています。交流によって私たちの国、日本について知ることにもつながっています。日本は島国で、周りは海に囲まれ、ほぼ日本語だけで生活しています。何不自由なく豊かな文化で、安全に暮らせていますが、その特色も世界を知ることによってはじめて把握できます。世界を知り、日本を知るためには世界とコミュニケーションすることが必要といえます。

■ 3．プレゼンテーションスキルがあれば

プレゼンの方法を学ぶ機会はこれまでありましたか？　必要を感じていても授業の中ではあまり取り扱われてこなかったのではないでしょうか？

プレゼンテーションは英会話と違います。1人の相手と英語で話すことではありません。

一定多数の人数に対して、的確に情報を届け、お互いの次の行動に変化をもたらす作業であり、そこには技術が必要です。どのように情報を加工し、わかりやすく、確実に定着させるかが重要です。

■ 4．発表の機会が人を育てる

英語プレゼンテーションの発表を聞くのは、当然日本人だけではなく、異文化をもった人も含まれます。アメリカの大統領の名前を知らない人がいないほど、世界の情報の中で私たちは日々生活しています。高校生、大学生たちの国際連携も進んでいます。ビジネスマンも世界に働きかけ、揺さぶり、世界の中で自社の方向を考えていくことが必要となります。

英語力は、入試だけでなく、このグローバルな社会を生きていくための必要不可欠な力です。今後校内、地域での大会だけでなく、海外での発表など、やればやるほど学びも大きく、世界とのつながりを自らの人生に組み込むことになります。自分を大きく育てる力ともいえます。

プレゼンテーションの機会を設定することは、自らに「挑戦」を強いることです。定期的に年に回数を決めて発表していきましょう。きっとその経験が自分の人生の光となっていきます。

■ 5．英語：学習負荷

四技能の学習負荷には大きな違いがあります。私の感覚では、英語で1,000の文章が読めて、聞けるようになるのが英文100文、さらに話せるようになるのが英文10、最後に書けるのが5つ程度の英文ではないかと思っています。英語プレゼンテーションは、当たり前ですが英語で発表します。受信から発信へ、

修得から活用へとマインドセットを変えてはいかがでしょうか？「英語でなんて言えばいいだろう？」「こんな簡単な表現があったんだ！」と日常生活で積み重ねるちょっとした工夫が、英語発信力を高めていくことになります。

7. 英語プレゼンテーションに挑戦しようとする人へ

英語プレゼンテーションの機会がある人は幸せです。どこで英語プレゼンテーションに挑戦しますか？　校内の英語プレゼンテーション大会でしょうか？企業訪問にやってきた海外のお客さんかもしれません。そのような機会をもった人は幸せです。人に物事を伝えるために必要な要素をすべて修得します。英語の力もどんどん増していきます。

1. 今もっている力を使う

英語プレゼンテーションを行うにあたって、次の3つの分野の力を使います。すでに身につけているものがほとんどだと思いますが、領域を明確にすることで実施に必要なことがらを明らかにします。

> ・英語活用スキル（English Skill）：例文検索力＋パターン文活用力
> ・ICTスキル（ICT Skill）：図、グラフの作成、写真力
> ・コミュニケーションスキル（Communication Skill）：トピックの配置

（1）AI語：英語活用スキル

これまでお話ししたように、英作文はとても困難ですが、インターネットを活用した例文検索力があれば、基本的な表現は簡単に探し出すことができます。今もっている基本的な英語力を活用し、効果的に例文検索を行えば、スクリプトの作成はそれほど難しいものではありません。

何かを検索する時、すぐに見つけられる人と、そうでない人とがいます。その違いは何でしょうか？

AIがインターネットを通して動いていることを知っているかどうかです。

AI が理解できるよう、省略の少ない日本語を作り、検索を始めます。"検索語" + "英語" と検索語の後に "英語" と入れるだけで多くの英語例文を見つけることができます。これらスキルをぜひ活用してください。

英語検索用日本語（AI 語）を工夫─英文検索─候補獲得─入れかえ・再構成─作成─話す練習─記憶─体とともに発話─プレゼンテーション

つぎに、プレゼンテーションで使う限定された英語表現を知っていますか。1 度覚えれば多様なプレゼンテーションで繰り返し活用できます。この本でいくつかの限定英語を身につけてください。スピーチや意見発表と異なり、プレゼンで使う英語には次のような特徴があります。

・図や表に注意を向けさせる。

　Please look at this picture.

　Please pay attention to this picture.

・グラフの説明を行う。アンケートの結果を説明するなどの表現。

　This graph shows our results.

　45% of them said they have a bad impression of the goods.

　More than 60% of students have a good image of their neighbor.

また基本単語を使い、短文で表現するということを実践することが English Skill といえます。5 文型も確認しながら使っていきましょう。

【第 1 文型】	SV	He said.
【第 2 文型】	SVC	He is my Cambodian friend.
【第 3 文型】	SVO	She taught science.
【第 4 文型】	SVOO	She gave me a nice present.
【第 5 文型】	SVOC	I named my dog Mac.

（2）図やグラフ作成のスキル

つぎに活用できるスキルは、ICT スキルです。授業、生活の中でかなりの ICT を使ってきたことと思います。デジタルカメラの撮影、転送などができ

れば、効果的な図やグラフをプレゼンテーションのために準備できます。

【視覚的なスライド作成力】
デジタルカメラで写真を撮る　PC に転送できる
画面キャプチャーができる
PC の画像を PPT に取り込める
エクセルで円グラフが作れる
PPT 文字の大きさを変えることができる

　これらの ICT 力があれば、魅力的なファイルを作り出すことができます。
図や写真は言語を超えて多くを語ってくれます。このように、ICT 力はあな
たの英語プレゼンテーションでも大きな力を発揮します。

（3）コミュニケーションのスキル (Communication Skills)

　コミュニケーションデザインの分野では次のようなことに留意すればプレゼ
ンテーションはリズムあるものとなっていきます。この本の中でもぜひ確認し
てください。

プレゼンテーションは限られた内容を伝えることを知っている
トピックを効果的に配置できる
トピックセンテンスとサポーティブセンテンスの関係を知っている
コアメッセージの意味を主軸に置いてプレゼンテーションを作っている
図、写真を効果的に使っていく

　よく「帰国子女だから英語プレゼンテーションはうまいでしょう」と尋ねら
れ困惑する学生を見ます。英会話に全く困らない学生でも、構成、ファイルの
作り方、話し方というプレゼンテーションの要素をつかまない限り効果的な英
語プレゼンテーションはできません。
　コアメッセージの確定、情報の選択、そぎ落とし、加工、デザインができて
はじめて、英語プレゼンテーションは可能となります。

8．国際協働プレゼンテーション「ワールドユースミーティング」

1．日常レベルの英語活用

英語を日常レベルで活用し、英語プレゼンテーションの力を身につける場面として、国際協働プロジェクトをデザインしました。2018年8月には、ワールドユースミーティング（以後WYM）を日本福祉大学東海キャンパスと立命館大学びわこ・くさつキャンパスで同時開催しました。今年度で20回目を迎える、世界の国々から集まった高校生・大学生による協働英語プレゼンテーション発表の場です。

【W2018サイト】

この本の主なサンプルはこれまでの、1999年から積み重ねてきた200のプレゼンテーションから選んだものです。英語を学習レベルから、活用レベル、さらには協働作業言語として活用するための、「国際学習環境」の中で磨いてきた英語プレゼンテーションです。

概要：事前にインターネットでテーマについて論議し、その国独自のデータを集める活動を行います。日本に来てそれらを活用し英語でともにプレゼンテーションを行うものです。準備に英語でのやり取りや、Skypeを通しての検討も必要です。まさに目的に向けて「日常的に英語を活用する」機会となっています。さらに、コミュニケーションの方法も異なることから、当然そこにいくつかの問題、意見の食い違いが発生します。

これを乗り越えなければ、当日の発表にはたどりつけないわけです。なんとしてでも調整を進めます。この段階で、交流の英語から、協議の英語へと発展し、相手を受

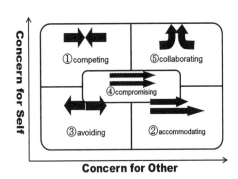

図1-20　Dual Concern Model （from Thomas, 1992）

け入れ、ベストがムリであればベターな内容へと向かいます。

　対決（Competing）、無視（Avoiding）、宥和（Accommodating）、協働（Collaborating）のベクトルの中で英語で戦い、協働し、最終的に作品を作り上げ、お互いの成果を認め合います。まさに平和学の実践です。

　この一連の学習の中で、「世界で協働して何かを作り上げるためには、英語が要るんだ！」と強く感じます。このことが一歩進んだ学習動機となり、英語プレゼンテーション力が世界の中で働くための重要なツールであることを把握します。

■ ２．大学生、高校生の作ったプレゼンテーション

　この20年で作られてきた WYM のプレゼンテーションは、高校生、大学生たちの等身大のプレゼンテーションです。当初英語の発信に慣れていない日本の高校生、大学生が英語スクリプトを書くことはかなり大変な学習でしたが、毎年取り組み続けることで前を走る先輩たちの作品をモデルとし、自分たちの作品を作り上げました。

　プレゼンテーションの時間も、2000年頃はかなり長く、プレゼンターも聞く方も、かなり辟易としたものでした。会場には、アジアからの参加者がいたのですが、それでも30分を超えるプレゼンテーションは、アジアの若者にとって長すぎる時間でした。現在は８分という時間で展開していますが、この時間も「アジアにおける英語プレゼンテーション」のあり方に注目してきたことから、生まれた設定でした。

■ ３．チームの発表

　WYM で舞台に上がり発表する人数は、４から５人、時には10人に上ることがあります。海外参加者と対面しての練習期間が短いこともありますが、学習負荷を考えると、グループでの取り組みはとてもいいデザインです。発話の練習には相手が必要だということがあげられます。最初はグループの中で部分を担い全体に貢献し、回数を経ることによって、最後には１人で取り組むことも

可能になります。まずは参加し発表することです。

2018年の WYM には、福井、兵庫、大阪、奈良、京都、埼玉、愛知各地から２日間で約1,000名参加しました。国内19校、海外10カ国から33校参加し合計52校の参加となりました。参加国は日本、台湾、ベトナム、インド、カンボジア、マレーシア、韓国、フィリピン、中国であり、大会テーマは「What does well-being mean for our future?」（私たちにとってのふくしと未来）としました。

各チームは大会前４カ月間、２カ国、３カ国でチームを作って準備し、日本で発表を行いました。これらの作品は大会後 Web ページにアップロードされ、各国の EFL 教材として活用されています。

■ 4．プレゼンテーションにおける調整力

国際連携プロジェクトでは、高校生、大学生たちは以下のようなプロセスを踏んできました。より学習者中心として発展してきたといえます。

・**2000-2007年**：先生が通訳として仲介し、グループ活動を支える。メンバーは先生の指導に従う時期。

・**2010-2013年**：自分たちでなるべく話し合い進めるが、英語力の差により、コラボレーションが困難であった時代。

・**2014年から今日まで**：意見の対立や協働の意味を理解し、協議のための英語コミュニケーションスキルに気づく。

・英語力と、協働のためのスキルを身につける。

・コンフリクトを乗り越え、新しいものを作る力が、「平和学」グローバル人材の素であることを自覚し、実践する。

WYM の20年の歴史を振り返ると、プレゼンは国際的実践の手段として、定着した感があります。

■ 5．カリキュラムデザインとワールドユースミーティング（WYM）

英語はスポーツに似て、オーセンティックな場面で実際に英語を使い、論議し、発表する協働体験、協働学習が重要です。これらは文部科学省の推進する

グローバル H.S. 各校の知見であり、WYM では新しい学びとして、20年間グローバル人材の「学びの舞台」として取り組んできました。

　日本全体で国民の98パーセントが日本人であり、島国に住む高校生、大学生にとって異文化をもった海外学生との協働学習は重要です。この活動を通して、日本にいながら、いかに国際的な場面で英語が機能するのかを把握することができ、実際に多くの問題を克服しながらプレゼンテーションを完成させています。その過程で、異文化が引き起こす衝突を克服する力、グローバル人材として必要な力も身につけることができると考えました。英語での論議の難しさをカバーするためのグラフ、写真などのコグニティブ・プレゼンス（学習成果認識）(Garrison, 2000) の工夫が定着化してきています。

■ 6．新学習指導要領との関わり

　協働学習、英語コミュニケーション、ICT 教育の実践的な活動として WYM は取り組まれています。基本的には学習者中心 (Reigeluth, 2016) のインストラクショナルデザインで展開されています。特に英語の発信力、プレゼンテーションスクリプトを「書く力」に注目しています。2022年から実施される高校の新指導要領においても、「論理・表現」（「話すこと」「書くこと」を中心とした発信力の強化）の科目が高校では配置されています。スピーチ、プレゼンテーション、ディベート、ディスカッションなどの言語活動が中心となり、聞いたり読んだりして得た情報や考えなどを活用してアウトプットする技能統合型の言語活動が教科として想定されています。

　英語活用の場がない日本で、英語の必要性を感じ、取り組むためには、新しい学習環境、動機づけが必要であり、その「学びの場」として WYM はデザインされ、実施されてきました。異文化理解や発信型英語が授業として取り組まれている中、WYM はそれらの学びに方向性と魂を与えるオーセンティックで国際的なアクティブラーニングの舞台です。

■ 7．途上国との交流・協働作業

　WYM は歴史的に途上国との交流にも重点を置いています。今年度は「Participants Talk」というプログラムを実施しました。カンボジアなどの途上国の学生は日本との経済格差はあるものの、新しい教育手法（EDU-Port 実践など）を通して、人口の大多数を占める若者のエネルギーで国を作り上げる力強さを示しました。今後それぞれの国でリーダーとなる学生たちの力強いメッセージは、ステレオタイプな見方「途上国は暗くて貧しい」というイメージを払拭しました。

英語で論議　ベトナム＋日本

英語プレゼンテーション

３ヵ国のプレゼンテーション

グループプレゼンテーション

Participants Talk

図1-21　WYM2018　英語で論議

Chapter 2

プレゼンテーションで
押さえるべきストーリー

■ 1. 型を知る：プレゼンテーションはブロックの配置

　学生たちを見ていると、作成時に関心あるテーマにはたどり着くのですが、どう作り上げていくのか、情報の配置がイメージできないことがあります。

　　ニュースの流れ
　　・提供するすべてのニュース項目
　　・一つのニュース
　　・次のニュースの提供
　　・全体の中の位置

　私たちは、様々な「型」とともに生活しています。ニュースも型に支えられており、左図のような構造になっていることがわかります。

　ここでは、完成に向けての「型」に基づくファイルの作成部分に焦点を当てます。

■ 1. 何を残したいのか明確に！

私は、小学校、高校の教員の経験があるのですが、いい授業をするために何

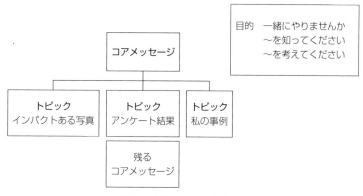

図2-1　伝達のためのデザイン

百もの指導案を書いてきました。私たちの子どもが授業終了後に、どのような力がついたかが最も重要なことです。そのため、先生たちは逆から考えます。

> 最終的に向かい合う２つの辺の長さが等しいといえる←→長さを測る←→友達と予想する←→２つの辺に注目する、という逆向きの流れです。

プレゼンテーションの場合も同様です。プレゼンテーションを聞く人たちが、会場を後にした時に、あの人の伝えたかったことはこれだなと鮮やかに思い出してもらう、そのために型を使います。逆に「何を伝えたかったんだろう??」と思われたとすれば、何時間もかけたプレゼンテーションは水の泡です。

■ 2．トピックが見える：結論が見える型

プレゼンテーションの型はマインドマッピング（情報の塊（ブロック）を配置すること）に基づきます。型がわかれば、そこに情報を入れ、全体のメッセージを構成できます。３つのトピックが整理され、それにタイトル・アウトラインと結論を加えます。情報の塊（ブロック）の配置を知ることで、話す方も聞く方も効率的な情報のキャッチボールができます。

次の型（図2-2）をプレゼンテーションの基本とします。プレゼンテーションは１分のもの、５分のもの、８分程度のものなど、場面に応じていろいろな長さがありますが、その時間にかかわらず基本的にこの型は常に共通です。情報の塊（ブロック）を提示するものなのです。

■ 2．型に流す：図や写真がストーリーを作る ■

次の事例では実際に音声の入った動画ファイルでチェックもできます。写真の配置から、プレゼンを作ります。日本語版、英語版２つを用意しました。

> 作成手順　写真を集める　並べる　３つのブロック形成

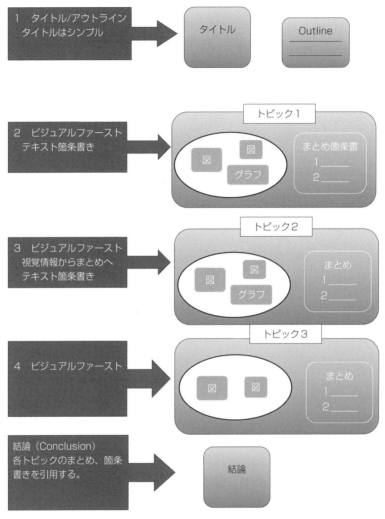

図2-2　プレゼンテーション基本型

3．プレゼンの型を考える：和食の例から

手順の中でも一番時間がかかるのは、集めた素材をレイティング（順位付け）

図2-3　日本食の素材写真

し選択することといえます。写真（商品、風景、活動の様子）、データ（折れ線グラフ、棒グラフ）をどう使うかで印象はかなり違ってきます。

インスタグラム、SNS、スマートフォンの活用など、誰もが ICT（Information and Communication Technology）を活用する時代です。写真のもつ伝達力は十分に理解しています。

プレゼンテーションは、「同期」するコミュニケーションです。その同じ場所に伝える人と聴衆が「同期」して存在するわけです。聞き手の感覚的な理解は会場で増幅されます。

■ 1.「強い写真」を並べる：ビジュアルプレゼンテーション

和食について、ただおいしい、ヘルシーだというだけでなく、4人で海外の人に伝えるという目的で簡単なプレゼンを考えてみましょう。テーマを決定しそれを「見える化」します。写真を並べながら、トピックを確定していきます。

選ぶ中で、自分のトピックの核心も、おのずと見えてきます。4人のグループで取り組めば、話し合いの中でトピックもより明確になります。各トピック

担当1人、統括1人の配置です。

■ 2．選び、決断する：内容を薄くするのは多く情報

【作成用素材】

　　Webページに11枚の写真を用意しました。これはサイトからダウンロードできます。

　　すべてを使って語っていく方法もありますが、それはプレゼンテーションとしては失敗です。主張のあるものを4つ5つ使って話してみましょう。これまでの国際イベントの参加学生の例だと、あまりにも多くのことを、1回のプレゼンテーションで伝えようとしました。ここに失敗の原因があります。説明に多くの時間がかかり、疲れ、薄い内容の羅列で終わってしまいます。また、ファイル作成とスクリプトの作成に時間のほとんどを費やし、実際の「プレゼンテーション」（発話、所作）の練習がいつも不十分でした。

　　失敗を重ねることでやっと気づいていくのかもしれませんが、できれば先達の苦い経験に学びたいところです。

■ 4．作ってみよう：ミニプレゼンテーション ■

> 強く伝える写真を選ぶ
> 並べる
> ストーリーを見る
> （素材ファイル提供）

　　今回は日本の「だし」に焦点をあてて作成してみましょう。軟水のこと、山海の珍味が手に入ること、「板前」という料理人のこと、形や色、様々なテーマが浮かぶかと思います。しかし今回のように数枚の写真を使った短いプレゼンの場合、話題を絞り込む必要があります。

　　写真を選んで「語り」を構成します。写真があれば、その順番に従ってストーリーを作ることができます。写真を選ぶ、並べてストーリーを作る、その作業の後にスクリプトを考えていきましょう。

　　皆さんであればどの写真を使って、話を組み立てますか？　うなぎ、削り節、

昆布、お寿司など、紹介したい様々な写真があります。テーマを「日本の味」
として、次のような写真を選び、並べてみました。トピックの核となるイメー
ジを選択して、ストーリーを組み立てると、焦点もはっきりし、「見せる　話
す　伝える」プレゼンテーションの実質的な練習を行うことが出来ます。

タイトル 、 結論 の間に4枚の写真をならべました。

トピック1

トピック2-1

トピック2-2

トピック3

タイトル・日本の味

T1　和食の特徴

T2-1　だし1　昆布
から

T2-2　だし2　削り
節

T3　様々な日本食に
使われるだし

結論

【PPTファイル】

【音声ファイル】

1　Hello, my name is Luke.

I'm so pleased to be with you today.

I'm going to talk about Japanese taste with three keywords.

Let's move on to the first keyword.

T1　和食のベースはだし

2　The first keyword is 'Japanese food'.

This picture shows typical delicious Japanese food.

Most of them are based on "umami flavor," in other words, "dashi stock."

T2-1　昆布だし

3　Next keyword is "umami."

This picture shows "kombu," a kind of sea weed.

When it is soaked in boiling water, and soaked for a few minutes, it releases "umami" flavor.

So it's very tasty and make the ingredient for perfect Japanese cuisine.

T2-2 削り節

4　Another keyword is 'katsuo flake'.

Firstly, bonito fillets are boiled and smoked for 6 months.

The blocks became a mere 1/6 of their original weight, and become so hard like a stone.

The block is shaved into fine katsuo flakes, they are so thin and light.

When you make basic stock dashi, put the katsuo flakes in hot water within 1 minute.

Flakes release umami flavor also.

T3　和食とだし

5　The last keyword is "cooking."

Miso soup or Japanese noodles, ramen noodles, tempura sauce, and okonomiyaki are prepared with this dashi stock.

Every Japanese food relies on dashi stock.

Don't miss that.

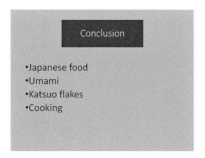

結論

I would like to wrap up my talk.

Every Japanese food relies on dashi stock.

Dashi stock includes umami flavor.

Umami flavor is made from kombu and katsuo flakes.

The Japanese are very skillful at preparing

ingredients with dashi stock.

That's all thank you.

5. トピックの力を強めるスライド作成の基本

図2-4　画像の力

スライドは目から入る情報です。プレゼンにおいて見せる力は、その人の聞く態度に大きな影響をもたらします。

昔ナチスドイツ強制収容所を描いたヴィクトル・E・フランクル「夜と霧」を読んで、極限においても人にやさしく接し、人間として生きようとする姿に触れました。その本の中の写真はガス室に送られる人々の姿、死者から取り上げた貴金属の山。それらの写真は内容を踏まえていく上で大変重要な役割をしていました。

プレゼンも感性的認識から理性的認識へと展開します。次に学生、高校生が作成し、成功したスライド例を紹介します。それらビジュアルなスライドは「言語の壁を越え、翻訳なし」にダイレクトにその情報を発信します。ビジュアルファースト（視覚優先）な展開をスライドデザインが支えます。

1．1枚のシートには原則1枚の写真

せっかく集めたのだから、とつい多くの写真を配置してしまいがちです。それらたくさんの写真は「Visual Noise」（視覚的な雑音）として、聴衆を混乱させてしまいがちです。

比較などの必要性がない限り、1スライドには1枚の写真を提示しましょう。また数枚の中から、伝えたい内容を表現する印象深い写真を選ぶことも大切で

図2-5　写真一枚に

す。時には、必要な個所を切り取るなどの工夫も加えましょう。

■ 2. 表・グラフは傾向を明確に

　アンケート結果など、その傾向が明確に出るようにデザインしましょう。テレビの番組などで、アンケート調査が表示されることがありますが、大きく傾向を伝えるものがほとんどです。伝えたい主旨を直観的に伝達する形にまで加工して提示しましょう。

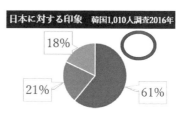

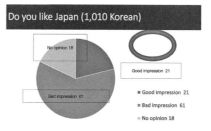

図2-6　直観的に分かる図

■ 3. わかりやすいこと

シート内の文字は32ポイント～40ポイントと大きな文字で、わかりやすく短文で表記します。原則、4行の箇条書を活用します。

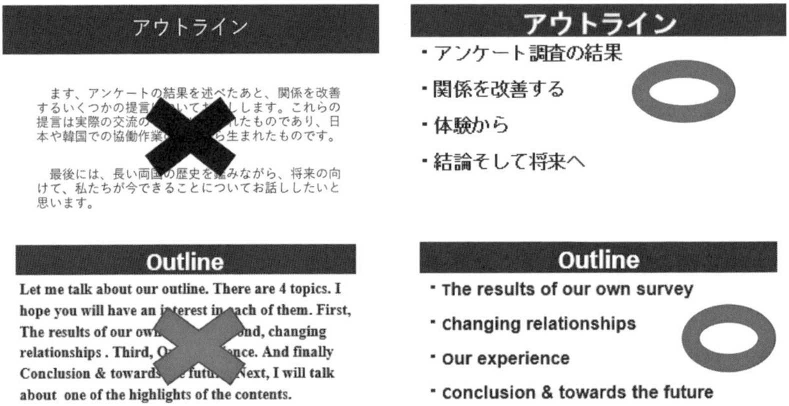

図2-7　すっきりと要点を

スライドにたくさんのテキストがあれば、聞くのをやめて読もうとしてしまいます。シンプルに箇条書きでの提示が大切です。

◼ 6. プレゼンテーションを支えるパーツ：なぜ表やグラフ？

トピックの中に、アンケートデータや表を入れると、より信憑性のある、根拠ある内容となります。調査研究の時には、必ずと言っていいほど、グラフやアンケートは使われます。英語プレゼンテーションにおいてグラフの説明の仕方にはパターンがあります。"Please pay attention to"などです。このパターンを知れば、調査結果などを取り入れ、説得力を増すことができます。

■ 1．事例1：65歳以上のパーセンテージ

【65歳以上・エクセル】

日本で今後高齢者がどれだけ増えていくかを示した図です。どんな印象を残すかもイメージしてデザインしましょう。スクリプトは、このデータを見ている人に話しかける前提で、作っていきましょう。

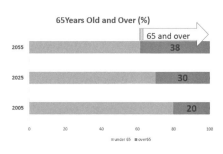

Please pay attention to this graph.

The percentage of elderly people in Japan is increasing rapidly.

65 years and over, they were about 20 percent of the population in 2005.

But by 2025, about one in three people in Japan will be over 65.

By 2055, about 40% people will be 65 years and over.

このグラフにご注目ください。

日本における高齢者の割合は急速に増加しています。65歳以上の人は2005年には人口の20パーセントでした。しかし2025年までには３人に１人が65歳以上となります。

＊必ず使う表現

Please pay attention to this graph.　このグラフにご注目ください。

65 years and over　65歳以上

is increasing rapidly　急速に増加しています。

By 2055　2055年までに

■ 2．事例2：円グラフの説明方法

学生間の好感度調査です。将来を考える材料となります。大きな傾向を説明しましょう。

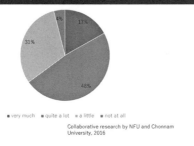

University Students in Korea and Japan
Q. Do you like Korea or Japan , the other country?

17%
3%
31%
48%

■ very much ■ quite a lot ■ a little ■ not at all

Collaborative research by NFU and Chonnam
University, 2016

We did our own research through the Internet.

This graph shows our results.

We asked about proposals for the future relations between Korea and Japan.

More than 100 students from each country responded to our questionnaire.

Question: Do you like Korea or Japan, the other country?

Most of the younger generation had a good impression of each other.

As you see, more than 60% of students from the two countries have a good image of their neighbor, Japan or Korea.

　インターネットを使って独自調査をしました。日韓の将来の関係についての質問です。それぞれの国の100名の学生が回答しました。質問「あなたは隣国が好きですか」に対し、両国の60%以上の学生は隣国である韓国、日本にいいイメージをもっています。

＊必ず使う表現

We did our own research.　調査しました。

This graph shows our results.　このグラフは調査の結果を示しています。

100 students from each country responded.　それぞれの国の100名の学生が回答しました。

60% of students have a good image of their neighbor, Japan or Korea.
60パーセントの学生が隣国、日本や韓国にいい印象を持っています。

■ 3．事例3：2年間にわたる一般人の好感度調査

Do you like the other country？ （Korea and Japan）

Impressions of Korea (1,000 Japanese)

	Good impression	26.2 / 23.8
	Bad impression	44.6 / 52.4
	No opinon	29.1 / 23.8

100 80 60 40 20 0
■ 2016 ■ 2015

Impressions of Japan (1,010 Korean)

Good impression	21.3 / 15.7
Bad impression	61 / 72.5
No opinon	17.7 / 11.9

0 20 40 60 80 100
■ 2016 ■ 2015

Genron NPO, 2017

【エクセルデータ】

These graphs show people's impressions of each other's country.

The survey includes about 1,000 respondents from each country in 2015 and 2016.

Please look at the bar graph on your left.

This bar graph shows the impressions of Japanese people regarding Korea.

In the case of Japan, 26% of respondents said they have a good impression of Korea. But 45% of them said they have a bad impression of Korea.

What do you think of the Japanese answer?

There are more dislikes than likes.

On the contrary, in the case of the Korean people, **only 21% of respondents said** they like Japan.This is less than the Japanese number of respondents. What is worse is that 61% of Koreans said they have a bad impression of Japan. This number is more than that of the Japanese.

　このグラフは人々の相手国への印象を表しています。2015年と2016年に行われた約1,000人の調査です。左の横棒グラフを見てください。日本人の印象があります。26％の人がいい印象をもっているといっています。しかし45％の人は悪い印象をもっていると答えています。この日本の答えをどう思いますか？嫌いな人の数の方が多いのです。一方韓国では21％の人が好きと答えています。この数は日本の回答より少ないのです。さらに残念なことに61％の人が悪い印象をもっていると調査では答えています。それは日本の数より多いという結果

です。

7. トピックのまとめ方：トピックがしっかりすると、退屈なプレゼンを免れる！

トピック部分では、画像やグラフで関心を喚起し、テキストで定着を図っていきます。

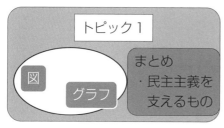

図2-8　トピックのつくり

例えば写真の後のテキスト部分が、「民主主義を支えるもの」とあった場合、それが、男女平等のことなのか、政治制度なのか、そのトピックの内容に応じて呼びかけ、聴衆に考えてもらうこともできます。

聴衆の思考を引き出すことで、聞かせるプレゼンテーションから参加型プレゼンテーションに変わっていきます。

1. 一目瞭然

【プレゼンデータ】

左の多目的トイレの写真は、新幹線のサービスを語る例です。直観的に理解を促す写真などは、プレゼンテーションに引き込む方法としてとても重要です。右のテキストではサービス内容など提示しながら展開できます。「携帯電話利用ルールってみ

なさんご存知ですよね。海外のお客さんも多いので、車掌さんも英語でアナウンスを」などと語り、よりトピックを深めることができます。

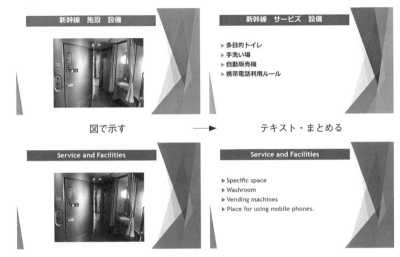

図2-9　図からテキスト（まとめ）1

■ 2．2018年中国で日本の新指導要領について触れたトピック

写真には「対話」と「ICT 活用」の要素が入っています。1 人 1 台の PC 配置ですし、「新指導要領」というキーワードも次のスライドで出てきます。「学習者中心って皆さんどんなイメージをもたれますが？　皆さんはどんな活動をイメージされますか？」写真に続くテキストはトピックをキープしつつ、まとめることに役立ちます。

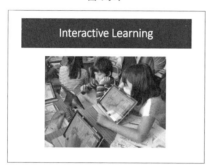

図2-10　図からテキスト（まとめ）2

　プレゼンは2019年12月の北京の会議でしたのですが、椅子の形態も長椅子（中国に多い2人用）ではなく、日本では1人に1つの机が配置されていることや、先生のICT活用力や教員研修などについて話が進みました。1枚の写真でも国によって見るところが違い、予想以上の情報交換ができました。

■■ 8. 英語をどうする ■■

■ 1. 英文スクリプトとインターネット活用

　英作文が必要だと思うと、少々気が重くなるかもしれません。しかし、英語プレゼンでは、話し言葉を使います。発表原稿（script）には中学校英語を使い

きる力が必要なのです。

　英作文をすると、ついついエッセイ風となり、長い文章となりがちですが、友達に語るような気持ちでのプレゼンが一番効果的と言われます。英文であっても次のことを心がけると聞きやすい、理解しやすい script となります。

・短く書く
・友達に話すように、書く
・定番の表現を使う
・インターネットを活用して例文から書く

　これらが英語での発表原稿を書く時に留意したいことです。エッセイではなく、発表の原稿、話し言葉の原稿が必要です。

　「今日のプレゼンテーションの狙いは A です。」「次のトピックに移ります。」「この図は……を示しています。」「あなたはどう思われますか？」など定番の表現を組み合わせることで、プレゼンテーションはリズムよく展開します。これらを使ってまず、短めのプレゼンテーションに取り組み、回数を重ねましょう。

■ 2. 基本表現＋音声

【英語例文サイト】
（音声つき）

・学生のための英語プレゼンテーション例文
・必ず使う基本表現
・図やグラフの説明
・プレゼンテーションへのコメント

　プレゼンテーションで使う表現と音声は、Web に置いてあります。どうぞご活用ください。

必ず使う基本表現

図やグラフの説明

プレゼンテーションへのコメント

The basic presentation

English thesis

〔例文サイト入り口〕

プレゼンテーションの最小構成
(1)挨拶　　(2)タイトル　　(3)目的
(4)トピック、図の説明　　(5)トピックのまとめ　　(6)結論

（1）スタート時点の挨拶

Hello, how are you? I am "first name" from AAAA university.
I am majoring in ICT education.

　Yoshiko Watanabe とフルネームを言う人がいますが、後で名刺交換すれば
いいわけで、すっきりとファーストネームでいくのがいいかと思います。

（2）プレゼンテーションタイトル

My presentation title today is " （タイトル名）　　　　　　　　　 "
 I would like to share my experience with you.

（3）目　　　的

My objective is to share ideas on how to achieve it.

　私の目的はアイデアを共有することです。

My key message is to share ideas on how to achieve it.

私の主張はアイデアを共有することです。

Let's move on to the first topic.

　最初のトピックに移ります。

My key message is that we should have a concrete image in the near future.

　私の主張は、われわれは近い将来の具体的なイメージをもつべきということです。

Let's move on to the important topic.

　重要なトピックに移りましょう。

　移動 Transition

（スライド移動）

（4）図の説明

Please look at this picture. This shows a classroom adapted for ICT.

　この写真を見て下さい。ICT を活用した教室です。

（5）トピックのまとめ

As for this topic, I would like to summarize what I have been talking about.

　この件に関して、私はこれまで語ってきたことを要約したいと思います。

It is clear that the teaching system is changing day by day.

　指導方法は日々変化することは明らかです。

（トピックはキーメッセージを支えるよう、3つ準備します。）

（6）結　　　論

Let me briefly conclude my key points.

　私のキーポイントを短く結論づけたいと思います。

I would like to conclude my presentation.

　プレゼンテーションを結論づけたいと思います。

It is clear that the teaching system is changing day by day.

　指導方法は日々変化することは明らかです。

That's it. Thank you.

　以上です。ありがとう。

■ 3．The Basic Presentation（基本構成）

3つのトピックの展開例をご紹介します。A, B, C 3つの柱、3つの視覚材料、3つの結論の展開でプレゼンテーションを作り上げます。シンプルでスマートな構成です。

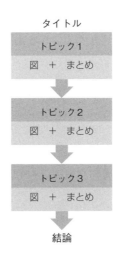

・トピックを語ることを告げる　　　Let's move on to the first topic.

・キーメッセージを伝える　　　　　My key message is ～

・写真・図で説明する　　　　　　　Please look at this picture. This shows ～

・トピックのまとめを行う　　　　　As for this topic, I would like to summarize ～

（1）トピックを伝える基本例文の展開

*Topic A

Let's move on to the first topic.

　　最初のトピックに移ります。

My key message is that we should have a certain goal in the near future.

　　私の主張は、われわれは近い将来の確かなゴールイメージをもつべきということです。

＊図の**説明**

Please look at this picture. This shows an electronic white board in the U.K.

この図をみてください。これは英国の電子情報ボードです。

They are developing new classroom activities for the enhancement of the quality of lessons.

彼らは授業の質を改善するための新しい授業展開を開発しつつあります。

＊A のまとめ

As for this topic, I would like to summarize what I have been talking about.

この件に関しては、私はこれまで語ってきたことを要約したいと思います。

It is clear that the teaching system is changing day by day.

指導方法は日に日に変わりつつあることは明らかです。

＊Topic B

Let's move on to the next topic.

次のトピックに移ります。

＊図の説明

Please look at this picture. This picture shows Skype software that enables us to communicate with people all over the world.

この写真を見てください。この写真は世界の人々とコミュニケーションを実現するスカイプというソフトを示しています。

I've covered the utilization of Skype.

スカイプの利用について語ってきました。

＊B のまとめ

As for this topic, I would like to summarize what I have been talking about.

このトピックについて、これまで語ってきたことを要約したいと思います。

It is obvious that Skype is worth using in our life.

スカイプは生活において使う価値があります。

＊Topic C

Let's move on to another important topic.

重要なトピックに移ります。

I am going to talk about new relations with people overseas.

　私は海外との新しい関係について話します。

＊図の**説明**

Please direct your attention to this picture.

　この写真に注目してください。

This picture shows the new relations between people both inside Japan and outside of Japan.

　この写真は日本の内外の人との新しい関係を表しています。

＊Cの**まとめ**

It is clear that new education techniques and new technology can solve problems caused by differences in the way people communicate in English.

　新しい教育や技術は英語によるコミュニケーションの違いによって引き起こされた問題を解決することは明らかです。

＊A. B. C 全体の結論

Through my presentation, I would like to share with you my expectations for the future.

　プレゼンテーションによって、私は将来にわたる希望を分かち合いたかったのです。

A better world will comprise both the advancement of education and the use of technology.

　新しいよりよい社会は、教育と新技術の活用によって構成されるのです。

Let me briefly wrap up my key points.

　私のキーポイントをまとめます。

It is clear that the teaching system is changing day by day.

　指導方法は日々変化することは明らかです。

It is clear that this software is rich enough from the aspect of daily communication.

　このソフトが日常的コミュニケーションの面で十分に働くことは明らかです。

It is clear that new education and new technology can solve problems caused by differences in the way people communicate in English.

　新しい教育、技術が英語でのコミュニケーションの違いによって引き起こされる問題を解決することは明らかです。

That's all, thank you.

　以上で終わります。

Please feel free to give us your comments or suggestions.

　コメント、ご意見がありましたらお願いします。

◢ 9．これは便利！　ICT活用 ◢

　プレゼンの英文スクリプトは、友達に話すつもりで作ることが鉄則です。ですから、日常会話で使われる2,000語レベル、中学校レベルのリズムある文章で十分なのです。エッセイ風ではなく、短文、話し言葉が原則です。

　プレゼンの英語は、論文に使う英語ではありません。難しい副詞も、形容詞も必要ありません。図や写真を準備し、そして簡単な問いかけをすることで、英語プレゼンは進んでいきます。

■ 1．何のことかさっぱりわからない英文を避けるために

京都と大阪　どちらが好きですか？　私は京都です????

　I am Kyoto.（????）

私は英語を身に着けたいです。

　I want to wear English.（wear はないでしょう??!）

　時々学生が、google 翻訳を使って作ったスクリプトをもってくることがあります。AI の活用方法を知らないで使うと、「何のことかさっぱりわからない英文」となってしまいます。

　Google 翻訳は AI を活用した素晴らしいサイトですし、AI がうまく機能して

くれれば、AIは正しい英文をわれわれに提供してくれます。数百万例文の中から、検索するわけですので、そのお手伝いをする意味で、AIのために「言葉を選ぶ」作業を入れましょう。私たちはそれを「AI語」と呼んでいます。

例：検索語を「英語を身に着ける」ではなく、「英語を学習する」もしくは「英語をよくする」

To wear English ではなく、study English, improve English と出してくれるような日本語をAIに与える、センスが必要です。「着ける」では wear となる AI を責めることはできません。何回も使い、AIと対話し、その特性を知れば、効果的に使うことができます。

■ 2. Google Translation をうまく使う

では次に具体的に Google 翻訳をどのようにうまく利用するかについて考えてみましょう。まずは日本文作成の後、AIが間違えないよう「翻訳のための日本語」を考えます。留意点としては①日本語は英語の1.5倍程度の長さになる、②主語を入れる、③翻訳間違いを起こさない日本語を使う（例：同じ目線で→同じ感覚をもつ）。

学生が次のように日本語で記述しました。それを、Google 翻訳（Google Translation）が使えるよう、「翻訳のための日本語」に変えてみました。

＊元の文章：韓国へ行く前は、政治的なニュースもたくさんあり、従軍慰安婦の問題や領土の問題もあり、暗く憂鬱であった。

＊変更後：主語を明確に

私は、韓国へ行く前は暗い気持ちでした。なぜなら私は、政治的なニュースをよく聞いたからです。そのニュースは領土の問題や、従軍慰安婦の問題でした。（網かけは翻訳後の Gary 先生のチェック）

I felt dark before I went to Korea because I often heard political news. That news was about a matters of territory and the trouble of comfort women.

＊元の文章：しかし現地では日本と韓国間でプレゼンテーションイベントを行

った。このイベント前の食事会では、大学生活などについて話し合い、お互いを知ることができた。その結果、多くの韓国の若者の日本人に対しての意識が理解できた。

＊**変更後**：短文で、何をしたか明確に。「意識」を「イメージ」と変えた。

　<u>私たちは</u>韓国で韓国の学生とプレゼンテーションをした。<u>私たちは</u>、この行事の前に<u>食事会を持ち</u>、そして大学生活について楽しく語った。その結果、多くの韓国の若者の<u>日本についてのイメージを</u>理解できた。

We made presentations with Korean students in Korea. We had a dinner party before this event and we happily talked about university life ~~happily~~.
As a result, I could understand many Korean young people's images about Japan.

＊**元の文章**：歴史的な日韓関係が存在しても、同じ目線での対応を取ってくれた。また、日本でのWYMに同じメンバーが参加してくれて次の関係に発展した。

＊**変更後**："同じ目線での対応を取ってくれた"という日本語を変える。

図2-11　直接会うこと

　彼らはそれらに影響されなかった。<u>彼らは同じ学生として対応してくれた</u>。

　歴史的な日本 - 韓国問題が存在しても、彼らは、あまりそれらに影響されなかった。彼らは<u>同じ学生として対応してくれた</u>。

Even if historical Japan - Korea issues existed, they were not too much affected by them. They responded as the same student.

＊**元の文章**：また、日本でのWYMに同じメンバーが参加してくれて次の関係に発展した。

＊**変更後**："約束してくれた"と言葉を足す。「発展」を「関係を育てる」とした。

　彼らは次回は同じメンバーが日本での国際交流イベントWYMに参加することを約束してく

れた。これは新しい関係を育てるいい機会となる。

They promised the same members would ~~to~~ participate in the international exchange event WYM in Japan next time. This will be a good opportunity to develop a new relationship.

＊**元の文章**：現地に行って、協働作業を体験しないとわからない事がいかに多いかが理解できた。また、来年も続けて開催される。相手国を訪問することがとても重要であるし、体験を通して韓国を理解できた感覚がある。

＊**変更後**：協働作業の表現を変えた。

歴史的に政治課題があっても、<u>日韓の学生が協働作業を通して理解しあうこ</u>とはできる。<u>相手の国で直接会って話す</u>ことは、韓国を理解するためにとても重要である。

相手国を訪問することがとても重要である。私は体験を通して韓国を理解できたように思う。

Even if there are historical political issues, students from Japan and Korea can come to an understanding through collaborative work.

To meet and talk directly in the other country is very important for understanding Korea. It is very important to visit the other country.

I think that I understood Korea through this experience.

■ 3. インターネット上の同じ英文の活用数を調べる：二重引用符 "　" を使う

下の2つの文章を、二重引用符をつけて検索してみましょう。二重引用符は厳しく活用数を洗い出します。結果に大きな違いが出てきます。discuss は他動詞ですので、前置詞をとりません。当然後者の方がインターネット上に多くあります。

"discuss about this issue" と "discuss this issue"

書いた英文が何百万回も web 上で使われていれば、その英文の表記はまず

正しいと判断してもよいかと思います。" 　 "で囲むことにより、その中の単語が使われている数ではなく、その順番で並んでいる句、英文を探してくれます。したがって単語ではなく句・英文を二重引用符で囲みます。

　次の仕事をサーチエンジンはしています。
・全く同じ順番で並んでいる "英文" を探す。
・該当数を表示する。

　では実際に試してみましょう。
"I discussed this issue." と "I discussed about this issue."
を Web ブラウザのアドレスの所に入れて、検索します。
"discuss about this issue" ヒット数 124,000
"discuss this issue" ヒット数 7,180,000
これだけの数の差は、前者が間違いやすい表現、後者が正しい表現であることを示しています。

■ 4．言葉を足して精度を高める

　Google 翻訳で "私はこのプレゼンテーションを先週から準備しています。" を入れると

I am preparing this presentation last week.

となります。現在進行形となり、時制が一致しない英語です。「ずっと」を入れてみると間違いが訂正されます。翻訳しやすいよう言葉を足すことも AI をうまく使うコツです。

I have been preparing this presentation since last week.

　自分の中学までの文法をうまく使って AI と付き合います。この例だと、S＋V＋O ですが、翻訳サイトを使う時には、わかりきっていても、主語を入れて次の文型を意識します。"私はこのプレゼンテーションを先週からずっと準備

しています"と主語を入れることで、AI が正しく翻訳してくれました。

　次のような例もあるので、日本語で検索をかける時に、ちょっと注意しましょう。

うどんとそばどちらが好きですか。私はそばです。

Which do you like, udon or soba?　I am soba.

京都か大阪、どちらの都市に行きますか?　私は京都です。

Which city are you going to, Kyoto or Osaka?

I am Kyoto.

I am soba. I am Kyoto.　はあり得ませんので、AI にわかるように

「私は蕎麦が好きです。」「私は京都へ行く予定です。」と検索の文章を作成しましょう。

■ 5．英語例文の検索
(1) 検索語に「英語」と入れる

例文からスクリプトを組み立てる。

検索語に英語といれる。

頑張　英語（頑張を含んだ　英語での表現、例文を検索しての意）

図2-12　「英語」を入れる

　インターネットの特性を考えて、「英語」という言葉を加え検索をかけます。この「英語」という言葉を入れるだけで、英語で表記してあるいくつかのサイトや、例文を検索してくれます。頑張るという表現を含んだ例文を探すには、検索語を「頑張　英語」と2語とします。大変簡単です。検索語に「英語」と入れれば「頑張った、頑張る、頑張ろう　頑張り」など、時制、状態をまたいだ様々な例文が検索できます。検索語を、「とても頑張った」などと過去形に限定した文章にしないことが大切です。

　検索した中から、自分の感覚に合った表現を引用し、副詞や形容詞を付け加え、最後に検索欄にその英語を入れて、ヒット数を調べ、その表現の汎用性を

確かめます。数十万のページで使われていれば、表現として問題ないと思います。次のような検索語のリンクが表示されます。

> **検索結果**
>
> 頑張を英語で・英訳-英和辞典・和英辞典 Weblio 辞書
>
> 頑張るの英訳 | 英辞郎 on the WEB：アルク
>
> 頑張ってねって英語でなんて言うの？

などがヒットします。

（2）例文検索と英語学習

　自分の言いたいニュアンスを抱きつつ、20、30の例文に接していると、あっという間に、30分や1時間が経ってしまいます。遅々として原稿が進まないこともあります。しかし、この例文を探すという時間は、英語学習にとっては大変貴重な経験となります。help と scaffolding の違い、improve と enhance の違い、challenge と endeavor の違いなど、将来の活用のための貴重な情報獲得の時間となります。

　英語に接する時間の長さは、英語脳に大変貴重な時間ともいえます。その機会ととらえ、英語に対する好奇心を培い、スクリプトの作成と同時に英語学習、単語の発音チェックの機会として、活用していきたいものです。

　そういった目で見ると、例文検索、スクリプト作成は、ICT を活用した効果的な学習ともいえます。

（3）自分に合った例文サイトをいつも使いたい場合：サイト名を追加

　検索語にもう一つ"検索サイト名"を足します。

> ALC のサイトで調べたい場合
>
> 頑張　英語　<u>AlC</u>
>
> Weblio のサイトで調べたい時
>
> 頑張　英語　<u>Weblio</u>

それらの検索結果をもとに文章を作ります。

頑張ろう　頑張ります。　I will do my best.　　頑張った　I tried hard.
それを頑張った。　I worked hard for that.

　これをベースに言葉を足し「イベントの成功に頑張った」という文章を作ります。
I worked hard for the success of the event.
とします。ここで二重引用符をつけて、ぴったりと当てはまる文章の数を検索します。
"for the success of the event" で検索すると5,670件ヒットします。
他の例文には単語　　devote myself to A（Aに打ち込む）dedicate myself to A（Aに献身する）などありますが、自分の表現したい内容に合った単語、さらに自分が自信をもって発音できるものを選びます。

（4）例文検索を使って短文を作ってみる

　次の文章を例文検索から作ります。"カンボジアでは観光業はGDPの15パーセントを占めます。"まずこの文章の検索語は "パーセント　占める　英語" です。

　その結果、This product accounts for 40% of their company's total revenue.（この製品はその会社の収益の40パーセントを占めます）という文章が出てきます。検索した文章を応用し、主語を tourism として、Tourism accounts for 15% of the GDP in Cambodia. と英作文します。

（5）通じてこそ！：単語レベルを考える

　英語プレゼンテーションはいかに難しい単語を知っているかを競う場所ではありません。アジアでは日本、韓国、タイ、マレーシア、カンボジアなど様々な国が英語を外国語（English as a Foreign Language：E.F.L）として使っています。E.F.L. の一番の特徴は、英語が母国語でない人々の間で、わかる英語を使うことです。

　自分の力を最大限出したいという気持ちから、なるべく単語レベルを上げてスクリプトを作る学生がいます。しかし、聞き手から見て、1分間に2つ3つ

わからないところがあれば、聞くことが負担となり、意欲もうせてしまいます。「異なった文化の中で」を "in the different cultures" と表現し、難解な "in an heterogeneous environment" といった表現は避けるべきでしょう。

10. スクリプトの書き方

　短くリズムある文章で書くことが英語スクリプトの鉄則です。声に出しながらリズムを作り、書いていくといいでしょう。というのは、これまでの習慣で、英文を文章化するとエッセイ風に書いてしまい、関係代名詞など多用し、文章がついつい長くなってしまうからです。セリフを書くつもりで作成しましょう。When it comes to their education も短くすると、As for their education.

I took this picture when we visited Siem Reap in Cambodia where we conducted fieldwork focusing on Education or International Welfare.

　上の文章もプレゼンテーションで扱うには、楽に話せる内容に変更します。
Please look at this picture.
I took it in Cambodia while doing fieldwork.
We studied the Educational system or International Welfare there.

次の文章も少し長いようです。
Someone may say it is important to keep practicing, since there is a famous saying such as "Practice makes perfect".
プレゼンテーション用に下記のように変えます。
It is important to keep practicing.　練習の継続は重要である。→6語。
Practice makes perfect.　継続は力。これだと3語です。
Don't you think so?

　スクリプトは必ず「話し言葉」で作りましょう。プレゼンテーションの英語

は読ませるためのものではなく、口で伝えるものです。

■ 1．マジカルナンバー

　マジカルナンバーとは数十秒間蓄えられる短期記憶の容量のことです。心理学者のミラーの実験では、この容量がアルファベットや数字などでは7つを中心としてプラスマイナス2の数、5〜9の範囲だとわかりました。

　生活の中で私たちはこれを使っています。090-1234-4321という電話番号も090、1234、4321という3つのかたまり（チャンク）にして、メモから電話番号を打ち込む操作をします。短文で伝えることは、英語が外国語であるオーディエンスのケースが多い、私たち日本人の英語プレゼンテーションには大きな助けとなります。

　Prosody（英語らしい発音）も訓練が必要ですし相手の理解を大きく助けます。この訓練と合わせて、短文で、しっかりと、ゆっくり、そして確実に伝わるスクリプトを書いていきましょう。もちろん友達に話すようなSpoken Language「話し言葉」を使って、です。

■ 2．プレゼンテーションでは使わない長い文

We have been hosting an international event that gathers more than 1,000 people every year with the aim of promoting collaborative presentations to overcome conflict caused by the differences in communication styles and cultures.

これを長々と話されたのでは、聞き手はかなりの英語力が必要となります。もっと短く、一文一文を相手の脳の中に打ち込みたいものです。では短くしてみます。

We have been hosting the event.

It is an international event.

Every year we gather more than 1,000 people for that.

Its aim is for participants to challenge collaborative presentations,

sometimes they have to overcome conflict caused by the differences in communication styles and cultures.

いかがでしょうか。短い文で表現することで、とてもしゃべりやすく、聞きとりやすくなったことと思います。

「聞きやすい英文」は「しゃべりやすい英文」でもあるのです。

◼️ 11. 英語を話すこと

■ 1. その話すスピードは？

・日本語で話すときには、ゆっくりとNHKのアナウンサーのスピードで
・英語プレゼンテーションの時にはゆっくりと音を置く意識で
・英語を日常的に耳にしない聴衆が聞いてわかるスピードを厳守

図2-13　NHK 朝のニュース

プレゼンは、20人あるいは50人、時には500人もの相手に、的確にメッセージを伝える手法です。確実に内容を伝えるための秘策があります。それはスピードです。

身近に例を探してみましょう。確実に相手に伝えるために日々訓練している人がいます。それはNHKのアナウンサーたちです。誰が出てきても、日本語放送の場合1分間300語程度のスピードで表情豊かに話します。

スピードだけでなく、人前で話す職業の人には学ぶべきことがあります。表情、目線、さらには自分が話す時ではなく、相方が話している時、どんな立ち姿をすべきか、どんな表情をすべきか、多くの工夫を見て取ることができます。

■ 2. 高校生、学生たちの時間配分の落とし穴

プレゼン優秀学生の練習方法は、早めに作り上げ、発話練習に時間をかける

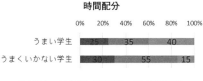

時間配分

| | 0% | 20% | 40% | 60% | 80% | 100% |

うまい学生　25　35　40
うまくいかない学生　30　55　15

■ 構成　■ スライド作り　■ 発話練習

図2-14　発話練習中心

ところに特徴があります。何回も繰り返し発話することによって、英文が「短期記憶」から「長期記憶」へと移され、とっさに出てくる英語にまで変化させているのです。発話の訓練を続ける「工夫」のできる人だけが、プレゼンテーションを自分の武器として、世界につながる自分の道を切り開くことができます。

まずこれは覚えなければと思うことによって、「短期記憶」が開始します。つぎに、何回も発話します。発話を繰り返します。脳はその時、これは重要なメッセージだと判断してくれ、「長期記憶」（Long Term Memory）に貯蔵し、いつでも取り出せる、記憶のハードディスクの中に収納してくれます。発話を繰り返すことによって音や響きとともに、意識しなくとも定着が進むのです（Atkinson & Shiffrin 1971）。

■ 3. 日常の訓練で、備える

英語は言語です。毎日聞くこと、少しでも話してみることを習慣化する知恵が必要です。プレゼンスクリプトができ上がったら、毎日声に出すことです。最初からだけでなく、途中から、後半から、などと、全体にわたって練習できるようにしましょう。以下、スクリプトから自由になるまでの手順です。

・自分の録音を聞いて、シャドーイング（重ねて読む）
・ネイティブに録音を頼み、その声でシャドーイング
・スクリプトなしで、スライドを見て、自由にしゃべってみる

・スライドで扱うべきキーワードを確認し、自由にしゃべってみる

　何回も発話していると、当然内容もストーリーも把握できます。それと同時に、自分の中にある他の表現も自然と出てくるようになってきます。スクリプトに導かれながら、最終的にはスクリプトから自由になることが、プレゼンテーションの練習といえます。

Chapter 3

積み上げる プレゼンテーション

1. 1枚で語る英語プレゼンテーション

> ・なるべく5-7ワードの短文を使う。
> ・1分間130語程度のスピードでゆっくり力強く話す。
> ・Please look at などの動作を誘う表現を入れる。動作も入れる。
> ・しっかりと笑顔で立つ。

　1,000語程度の活用頻度の高い英語が日常会話の85パーセントをカバーするといわれています。中学校レベルの英語はほとんどの人が身につけているものの、実際の発話の経験があまりにありません。海外旅行が増えているとはいえ、年に1度行くかどうかの海外旅行程度では、英語を活用する能力は育ちません。

　そんな私たちが、英語プレゼンテーションをするということになると頭が真っ白になって当然です。この状態を改善するには、まず使う時間を増やしましょう。1枚の写真を語り、その時間をどんどん増やしていくことが、英語プレゼンテーションへとつながっていきます。友人に写真を見せながら、発話してみる事です。高校、大学での国際交流場面でも活用できます。1枚の写真が語れるようになれば、2枚、3枚と次々に写真を増やし、話すことに慣れれば、10分程度のプレゼンテーションは楽にできるようになるでしょう。

■ 1. 桜を語る（1枚で1分語る）

> ①挨拶
>
> ②写真の説明
>
> ③終わり

【さくら音声】

①挨　　拶

Hello, nice to meet you. My name is Naoko. I am so happy to be here with you today.

②説　　明

Today, I would like to talk about "Sakura" in Japan. Have you ever heard about sakura? Cherry blossoms are the symbol of spring. Please look at this picture. It shows a typical scene in Japan. Looking at this, how do you feel? It's also a nice time to start the year with.

The new school term starts in this season, with the beauty of flowers.
In Japan we have a pleasant custom, to enjoy "Cherry blossom viewing parties" under the trees.
We really love to go on an outing for cherry blossom viewing.

③終　わ　り

I would like to wrap up my talk. If you have an opportunity to visit Japan in spring, don't miss it! We recommend three weeks when the seasons shift from winter to spring.
That's all, thank you.

1枚の写真ですが、声を出す時、キーワードの前にわずかのポーズを入れてみましょう。ゆっくりと丁寧に、さくらが「好きだ」という表現は明るくなど、少しの工夫で伝達力が格段に良くなります。

■ 2. イベントの紹介（1枚で1分）

Hello, friends. I'm Naoko , a student at NFU.

This picture shows the international event, It is the World Youth Meeting. We have been hosting that as a "well-being" activity. Happiness, globalization, collaboration, volunteerism, world peace, and education are all contained there.

【国際イベント音声】

The World Youth Meeting has been a place where Japanese students have pursued an international volunteer spirit.

They have also deepened their friendships with students from overseas.

This event has been supported by the Education Ministry of Japan and many Asian countries.

This year, looking towards our shared future, we would like to discuss the broader range of the meaning of "well-being" in this unique setting.

126語　大体、1分でのプレゼンテーションとなります。

■ 3. 学生の自己紹介

Hello, I'm Naoko. I'm so happy to meet you all today.

Let me talk about my keyword, outgoing. Please look at these pictures.

When I visited New Zealand, I talked with many foreigners.

I tried to be outgoing to communicate and get know each other.

【自己紹介音声】

At the first few weeks, I was too shy to talk in English.

After that I became positive. I learned to make the move first for better communication.

Finally, I could make many friends from other countries.

It was so much fun to talk about culture with each other or go shopping together.

That's why my mindset changed.

Ten years from now, I would like to be the kind of person who can contribute to developing countries while thinking globally and acting locally.

Thank you for your kind attention.　138語

　これらプレゼンテーションは１分間の長さですが、自分の音声をスマートフォンで聞いてみましょう。その声を、聴衆は聞くこととなります。声の大きさは大丈夫でしたか？　強弱は？　ストレスはどうでしょうか。場数を踏めば確実に向上します。頑張りましょう。

■ ４．挑戦　あなたの自己紹介を‼

では、次にあなたの自己紹介をしてみましょう。下記 QR コードに、ビジュ

【Presentation File（スクリプト６枚）】

【音声】

アルな英語プレゼンテーション例を作ってもらいました。ファイル、音声が
webデータとして置いてありますので、ぜひ参考にして、自分の自己紹介に
取り組んでください。自分を語るトピックで作って下さい。

■ 5．画像中心　飲み物？それとも……

図3-1　飲み物？

これまで何かを「紹介」する
プレゼンテーションを見てきま
したが、次は画像がプレゼンテ
ーションにどのような効果をも
たらすのかを見てみましょう。
高校生、大学生は写真の名手で
す。Instagram等のSNSで魅
力ある写真を掲載する人も多く、
その効果を実感していると思います。プレゼンテーションにおいても画像は大
きな効果をもたらします。

　画像中心（Visual First）のプレゼンは、興味を引き付け、一気に聴衆の言語
で情報を伝えます。ここではこの写真を見せながら、人に伝える練習をしまし
ょう。意外と話せるものです。

（1）One picture Presentation

（易しさ☆☆☆　1分）（☆は易しさを示す。1分は発表時間を示す。）

Hello, friends. I am Misa. Let me talk about one picture taken in Cambodia.

Please look at this picture. How do these bottles look to you?

Are they kinds of drinks? Or a new kind of cola? No, this shows a gas station in the
countryside.

If you go several kilometers out of town, you can find them. There are gas stations
like here in Japan.

But in rural areas gasoline was sold in glass or plastic bottles. We seldom see such
a gas station in Japan.

The average daily temperature in Cambodia is always more than 30 degrees Celsius.

It is dangerous, isn't it? From the viewpoint of a safe and secure society, I hope community develop the gasoline selling system. That's all thank you.

> Let me talk about　について語ります。countryside　田舎の　more than 30 degrees Celsius　摂氏30度以上

（126語）

　カンボジアへ出かけた学生は「ペットボトル」で分け売りするガソリンにはちょっと驚いたようです。手に物があるとしゃべりやすくなり、英語の発話を助けます。また話したくもなります。効果的な写真を選ぶ力、残したいメッセージを明確にして、1分程度で伝えることに挑戦してみましょう。自分の興味関心をツール（写真）を使い伝える方法を知ってほしいのです。1枚でのプレゼンテーションを積み上げれば、7〜8分の発表ができるようになります。

2．3枚並べるとストーリーが生まれる

1．3枚並べてストーリー

　3枚の写真でどのような話を展開しようとしているのでしょうか？

図3-2　カンボジア教員養成校

図3-3　ICT 教育ボランティア

図3-4　小学校でのビデオクリップ活用

　カンボジア、ボランティア、ICT 教育、小学校英語教材、ビデオクリップがキーワードとなります。インパクトある写真を選んだ瞬間プレゼンの流れが決まります。ストーリーが生まれます。写真を選ぶ、そして捨てる（精選する）ことで、プレゼンの基本要素は完成します。

　　構成は次のようになります。学生が現地に滞在し、英語を使いボランティア活動をした報告のプレゼンです。話し言葉で、短文で作っていきました。

[挨拶とタイトル告知]

Hello, My presentation title is "Volunteer Work in Cambodia".

[トピック1]

写真の紹介：Please look at this picture. This shows——・

深める質問：カンボジアへ行ったことがありますか？

インターネット活用（AI語を意識して）

Google 検索：行ったことがありますか　英語

→ Have you ever been to Cambodia?

Google 検索：次のトピックに移りましょう英語

［トピック２］

写真の紹介：Please look at this picture. This shows——・

気持ち：Google 検索：わくわく　英語

→ I was so excited to work with Cambodian students.

［トピック３］

写真の紹介：Please pay attention to this picture.

This illustrates my volunteer work class.

気持ちと終わりの挨拶 Google 検索：私たちはそれを聞いてうれしかった　英語

→ We are so pleased to hear that.

以上です　英語

→ That's all, thank you.

■ ２．プレゼンテーションファイル＋スクリプト

（易しさ☆☆☆、4分）

【直して使えるプレゼンテーションファイル】

　まずは友人４人で分担してプレゼンテーションしてみましょう。ただ読むことから、内容をつかみ、ストレスを置く場所を確認しましょう。

　太字の箇所はプレゼンテーションでは頻度の高い表現です。今後活用していきましょう。４人で取り組み、一人一人の負荷を考えたものです。

1 Hello my name is Miku. Nice to meet you. **I am so happy to be here to share my experience** in Cambodia.

My presentation title is EDU-Port Project and my volunteer work.

Have you ever heard about the "EDU-Port Project"? It's the educational ministry project to support developing countries.

I did volunteer (work) in Cambodia.

2 **Please look at this picture.**

This picture shows the Provincial Teacher Training college in Siem Reap.

Students are studying to be qualified primary school teachers for two years.

After the Civil war, Cambodia had to restore its education system and increase the number of teachers. The future of this country depends on Education.

Let's move on to the next topic.

3 Now you can see the logo of the EDU-Port Project on your left.

Edu means education, and Port means Interaction with other countries.

The Japanese Education system is **highly evaluated** all over the world, especially in developing countries.

We believe Japan-made English video clips are effective for Cambodian children as well as Japanese.

We can share the experiences of English Learning in primary schools in Japan.

Video clips bring students sounds and images to help English communication.

I was so excited to work with Cambodian students.

4　**Please pay attention to this picture.** **This illustrates my volunteer work class.**

We focused on English education in a primary school.

First, we showed video clips.

Students could identify English pronunciation by using video clips. Images of that helps them to grasp the contents.

Second, we find the targets sentences within 7 to 9 words.

Third, we set the group-work going forward to confirm their understanding.

We did eight lessons a week while staying for five weeks.

One of my Cambodian friends said it will be very useful when they start teaching as primary school teachers.

We are so pleased to hear that.

That's all, thank you.

■ 3. "私たちと「福祉」"
(易しさ☆☆　4分　web資料　音声データ、プレゼンテーションファイル)

【音声】

QRコードで示すこのプレゼンは、国際連携プロジェクトに取り組む大学1、2年生130名が、誰もが海外の参加者に対し行えるようにと作ったプレゼンです。写真はわずかに3枚ですが、タイトルと結論をつけて、バランスよく展開しています。

【プレゼンテーションファイル】

［コアメッセージ］"ふくし"とはこれまでの、高齢者や支援を必要とする人だけのものではなく、Well-beingという言葉に代表されるように、より豊かに健康で安全に生きるためのキーワードといえる。

3. ショートプレゼンテーション

　これまで、1枚から数枚の短いプレゼンテーションを見てきました。丁寧に発話することで、伝達力を増すことは体験できたと思います。

　ここでは、4、5分のまとまりある短いプレゼンテーションを取り扱います。トピックを、写真や言葉のブロックでわかりやすく配列し、ストーリーを作り、聞きやすいプレゼンテーションとしています。

1. さくらを扱う

　　　　　　　　　　　　　　　　（易しさ☆☆☆　2分）

【さくらファイル】

　　次の例は「さくら」。中学校英語で大変短く作ってあります。3つのトピックで展開します。

　［作成手順］　写真／図を決める→並べる→3つのブロックで展開

　　日本の文化を振り返る時、富士山、四季、さくらなどの題材が取り上げられます。さくらを語る3つのトピックを並べることで、ストーリーが生まれます。「さくら」「花見」「日本人の美意識」の3つです。

【音声ファイル】

　　ここでは、英語スクリプトも載せてあります。わかりやすく短文で語り、直観的な図や写真を使います。友人に向けて、声を出してこのプレゼンテーションに挑戦してみましょう。音声のQRもありますので、シャドーイングしながら、この1分を攻略してください。

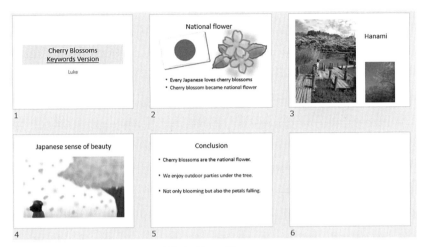

図3-5　Cherry Blossoms

構成：図、写真を用意
さくらと日の丸：国の花とされる誰もが愛するさくら
花見：身近なさくら
さくらと日本人の美意識：咲き誇り、散っていくさくら、自然とともに生きる日
本人の美意識が投影されているとの意見もあります。
まとめ：それぞれの内容を再度紹介します。

（1）日　本　語

①タ　イ　ト　ル

　皆さんこんにちは。キーワードとともにさくらについてお話ししたいと思い
ます。まず国の花としてのさくらです。

②国旗・さくら

　この図は国旗とさくらを表しています。日本人は桜が好きです。日本の花と
いえます。

③花　　　見

　次のキーワードは Hanami です。さくらの木の下でのパーティを意味します。

Hanamiの「Hana」はさくらを意味し、Miは見ること、景色を楽しむことです。冷たい冬のあとの素晴らしいシーズンを愛でるのです。

④美　意　識

もう一つのキーワードは「日本人の美意識」です。多くの日本人は、咲きゆくさくらと、散りゆく花びらにも「美」を感じます。自分たちの限られた人生を、短い期間で咲き、そして散っていく桜に投影し、感慨を持つのです。

⑤ま　と　め

ここでまとめたいと思います。桜は国の花と考えられています。また、野外での木の下でのパーティも楽しみます。私たちにとっては、咲く桜だけでなく、散りゆく花びらを鑑賞することにも意味があるのです。

（2）英語

自ら伝えたい情景を浮かべながら声に出してみましょう（太字はプレゼンテーションでよく使われる表現です）。

①挨　　　拶

Hello, I'm Luke. Nice to meet you. **Let me talk about** the cherry blossoms with keywords.

②く　に　の　花

First, "national flower." You can see the Japanese flag and the cherry blossoms. Every Japanese loves cherry blossoms. So, cherry blossoms became our national flower.

③花　　　見

The next keyword is "hanami." It's the party under the tree.

"Hana" means flowers, or cherry blossoms. "Mi" means to enjoy sightseeing.

We celebrate the flowers and the nice season after cold winter.

④美　意　識

Another keyword is "a Japanese sense of beauty." Most Japanese find beauty **not only** in blooming flowers **but also** in the falling petals. Japanese people recognize their limited lives reflected in the cherry blossoms since it blooms and falls all too quickly.

⑤ま　と　め

Let's summarize my contents. Cherry blossoms are the national flower. We enjoy outdoor parties under the tree. **It is very important for us** to see not only the flowers blooming but also the petals falling.

■ 2. 日米大学比較

(易しさ ☆☆ 短文表現 3分 webデータ ビデオクリップ プレゼンファイル)

これまで、Keep It Simple and Smart に基づいてプレゼンテーションを見てきました。すっきりと、わかりやすく組み立て、しっかりと相手にメッセージを残す工夫です。アメリカの大学院を終えた学生に、アメリカと日本の大学との比較についてプレゼンテーションしてもらいました。食、学び、図書館機能などを比較して作ったものです。3つのテーマについて、共通の流れで作ってあります。太字はプレゼンでよく使う表現です。

タイトル、目標、日本の大学、アメリカの大学、結論

流れが明確だと、話す方も、聞く方も楽にプレゼンテーションを楽しむことができます。これらのプレゼンテーションは、ファイル、音声が提供されているので、シャドーイングをしながら、展開のしやすさを実感していただければと思います。

日米大学比較　食

［コアメッセージ］日本、アメリカともに食堂（カフェ）などが整備されているが、アメリカはより国際的な食事が提供されている。

[スライド1] **タイトル**：全体の内容を提示する

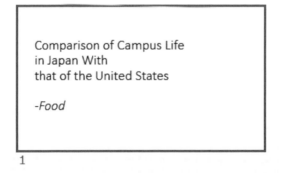

Hello, my name is Yuichi. Nice to meet you.

My presentation title is "Comparison of campus life in Japan with that of the United States". And here is the keyword I will focus on – *food*.

[スライド2] **目的**：objective

Objective

Enable students to **describe**

-the differences of campus life

-food choices

2

> このプレゼンテーションの目的
> はキャンパスライフの違い、食
> の違いを明確にすること
> describe →記述する　述べる

Let me talk about the objective of my presentation.

It's so that after this presentation, you will be able to describe the differences of campus life in Japan and the United States.

[スライド3] **アウトライン**

1 Food culture in a Japanese university

2 Food culture in a U.S. university

3 Conclusion

3

> アウトラインは3つ。
> 日本の食文化、アメリカ
> の食文化、そして結論。
> three sections in my
> agenda　私の内容には
> 3つのセクションがある。

There are three sections in my agenda for today.

First, I will describe food culture in Japanese university. And my description of the U.S. follows after. Finally, I will make summary comparing these two——Japan and the U.S.

［スライド4］ 日本の大学の学食

日本では「学食」が整備され、安い値段で、様々な料理が提供されている。
弁当を持っていく学生もいる。
with a rich choice of food at a reasonable price →安い値段で豊富に選べる

As you can see from this picture, Japanese university provides a university cafeteria with a rich choice of food at a reasonable price.
On top of this, students can have a choice of a bento-box to go.

［スライド5］ アメリカの大学の食堂

アメリカの食文化について。学食などあるが、国際的な料理を提供している。学生に多様性があるからだ。キャンパスが大きく、連れ立ってピクニックに出かけることもできる。
similarity → 共通点　to serve →提供する　hang out →出かける

Next, I will explain how things are in the U.S.
The similarity with Japan is that they also have cafeterias. The difference is that

students can enjoy a greater variety of international food in the U.S. This is because cafeterias there aim to serve international students from different cultures and with different religions.

Another difference is that of style. U.S. campuses are huge and beautiful. Students take out snacks and hang out enjoying picnics on the campus.

［スライド６］ 結論

Conclusion

• Japan - quality food, served in a convenient way

• U.S. - students enjoy take-out food

6

日本の大学は便利で、豊かな食を提供できている。一方アメリカは、広い大学の環境を活かして持ち帰り、構内で食べることがある。
share → 共有する。
spacious campus environment → 広々としたキャンパスの環境で

Let me wrap up what I have been talking about. As a conclusion, I would like to share that Japanese university offers good quality food, in a convenient way, while students in the U.S. can enjoy take-out food in a spacious campus environment.

【授業比較の動画】
（同じスライドの枚数、同じ構成で作成してあります。）

【図書館比較　動画】

■ ３．幸せの要素

（易しさ☆☆☆　中学生英語　４分　プレゼンテーションファイル　音声）

【PPT ファイル】

【音声】

　４人のグループプレゼンで挑戦しましょう。海外フィールドワークの体験を、写真４枚中心にまとめました。短文で、基本的な表現だけで作り上げました。気持ちを伝えるためのプレゼンテーションです。

［タイトル］ "Ingredients of Happiness"

［コアメッセージ］幸せの基本って何だろう。親切にすること、笑うこと、心を寄せること、体験の中から見つけたものをあなたに。

Ingredients of Happiness

Theme of WYM

1人目　1 Hello everyone. My name is Lucas.
I am a student at NFU.
Nice to meet you.
My presentation title today is "Ingredients of Happiness".
I am so pleased to meet you all today.

Are you Happy?

* Ingredients of Happiness

* Money , health , family, friends, experiences of education

1人目　2 Have you ever heard and thought about the theme of this international event?
It's "Ingredients of Happiness".
Money, health, family, friends, experiences of education and so on.
What do you think of all these?
I would like to clarify what are the ingredients of happiness from our experiences.
Some pictures will surely help illustrate this.

挨拶とタイトルの告知
My presentation title today is "Ingredients of Happiness."
Ingredients は材料、慣れない単語かもしれない、丁寧に発音しよう。
また Ingredients の後に、contents と付け加えてもいい。

Being kind to others

2人目 3 **Please look at these pictures.**
The students from NFU look so happy.
This might be one of the ingredients.

These pictures show an activity in our
Cambodia study tour. They look so happy
while reading picture-books towards pupils
there.

Now these students are sophomores.

While listening to the book reading, the
young students there could enjoy their NFU visit with smiles.

This shows us one 'ingredient of happiness'.

That is "to be kind to others".

Singing together

2人目 4 **What does this picture show?**
How do they look? The students visiting
this Cambodian primary school look hap-
py.

They are singing songs together with
Cambodian pupils.

Let's move on to the next pictures.

Sharing not only Goods, but Memories

3人目 5 **This picture shows** one cere-
mony.

They are donating the electric piano to
this school.

In other words, donation means to
share.

Not only sharing money or goods, they
could share warm-hearted memories.

Contributing to others might be one of

the ingredients of happiness, as this picture points out.

These pictures show an activity in our Cambodia study tour.
写真が伝えることを述べる 「これらの写真は」と目線を導く
They look so happy while reading picture-books towards pupils there.

Fun and Fans

3人目 6 They are now enjoying "fan and paper balloon".

From this activity, we could learn another of the ingredients.

It might be "working together or being sociable".

Being sociable always relates to something fun and bright.

楽しい Fun と Fans うちわであそぶ
'working together' or 'being sociable' →ともに動く、社会的であり得ることが幸せかも
Being sociable always relates to something fun and bright. →社交的であることは、何か楽しいこと、明るいこと。
聴衆は幸せそうな写真の効果に微笑むだろう。

Suggestions

- Being sociable
- Let's try volunteer work
- To be kind, to be tolerant
- We believe these three are the ingredients of happiness.
- Additional keywords

4人目 7 Yes, we really want to be the kind of person who could enjoy life with the feeling of happiness

After learning some important aspects from what we have introduced, we had three suggestions for this:

① Being sociable with people is very important.

Let's try volunteer work! Hopefully we would like to challenge international volunteers to try things such as supporting Cambodia or some other developing countries.

② To be kind, and to be tolerant. Helping those who are in need is one of the ingredients of happiness.

③ To think globally and act in developing countries surely leads you to live to the fullest.

(Conclusion)

Additionally, I hope you remember once again the keywords of this presentation are 'to be sociable', 'to work together', 'to contribute to others' and 'to live ones life to the fullest'.

That's all, thank you.

結論

Being sociable →人と交わること

To be kind, and to be tolerant →親切であること、寛容であること、

to live to the fullest →精一杯生きることが幸せにつながること

the keywords of this presentation are 'to be sociable', 'to work together', 'to contribute to others' and 'to live ones life to the fullest

---

人を明るくするプレゼンテーションはやる方も楽しい。このプレゼンテーションは、基本的には Show（図を見せる）and Tell（そして語る）手法をとる。

豊かな写真、いい写真が撮れた時は効果的である。イメージは思ったより多くのことを伝えてくれる。

■ 4．カンボジア：日本の小学校英語教育
（易しさ☆☆☆　4分　Webデータ　プレゼンテーションファイル）

【プレゼンテーションファイル】

このファイルは、カンボジア、シェムリアップ教員養成校の学生さんのために作ったプレゼンテーションです。日本の小学校の教室も見せたかったのですが、何よりも、ビジュアル・プレゼンテーションを体験してもらいたかったのです。

　スライド数を少なくする、短文で構成する、挨拶、図の説明の方法を知ることなどが、伝わったようです。英語プレゼンテーションへの挑戦は、観光業などがGDPの16パーセントを占めるこの国では、英語運用能力を高める必要不可欠なトレーニングといえます。

［タイトル］"How to Enhance English Education in Primary schools in Cambodia"
［コアメッセージ］
　ICTを活用した対話的な学びは、世界で取り組まれている学習者中心の学びである。カンボジアと日本の教育の現状を比較し、今後の方向性を明確にしていく。

How to Enhance English
Education in Primary school in
Cambodia.

Name
Organization

Hello, everybody, I am Spoea, a TTC student living in Sime Reap in Cambodia. Today, I will talk about "How to Enhance English Education in Primary school in Cambodia."

Please look at this picture, Cambodian primary school pupils are studying some subject in the classroom.

Primary schools in Cambodia

Interactive Learning

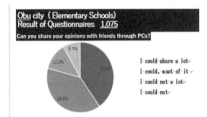

Obu city (Elementary Schools)
Result of Questionnaires 1,075
Can you share your opinions with friends through PCs?

I could share a lot
I could, a cost of it
I could not a lot
I could not

Their subjects are math, science, English, and so on.

Most of them are focusing on what a teacher is explaining. Their learning style was called "Chalk and Talk" style.

If there is a projector or a PC, pupils were more interested in learning. ICT surely enhances the quality of daily learning.

Can you guess, which country's classroom this picture shows? Korea? Japan? Yes! It's one scene in Japan.

Not only receiving important knowledge from a teacher, they show their own opinion.

After comparing their opinion, they start discussion and articulate their knowledge through interactive learning.

We did a survey to ask how pupils could share their ideas with friends.

This was done last July.

As you can see, almost 80% of students say they could share through PCs.

We did the survey to ask how pupils could share their ideas with friends.

As you can see, almost 80% of pupils in Japan say they could share ideas through PCs.

When we compare two countries' educational situations, we would like to share the way of How to use ICT equipment in the near future.

It will not be long before Cambodia will start using PCs or Projectors to deepen their knowledge and start collaborative work with Japan while using ICT.

That's all, thank you.

■ 5．日本の社会保険　Social Insurance

（易しさ☆☆　7分　音声ファイル　プレゼンテーションファイル）

【PPTファイル】
（スクリプト付）

パワーポイントには円グラフ、棒グラフなどが含まれ、データを活用して説明する手法が含まれています。

【音声】

［残したいメッセージ・コアメッセージ］

　健康保険、介護保険、年金の基本的な仕組みとその相互扶助の制度。日本の制度は高齢者社会を迎え、さらなる充実が必要となっている。日本の保険制度は世界のモデルともいえる。フィールドワーク先の人々の生活を考える時、これら保険制度は、その国の将来にとって必要であり、その基本的な知識をぜひ正確に伝えたいものである。音声ファイルで英語表現を音で確認しよう。

［構成］

　直観的にわかりやすいグラフで構成されています。テキストは重要なものだけ、数行で提示しました。設置の理由、負担の方法などを述べ、途中でクイズを入れるなど、理解を定着させる工夫を加えました。

> タイトル　⇒アウトライン　⇒制度概要　⇒健康保険　⇒給与からの負担　⇒
> ⇒クイズ　⇒介護保険・高齢化社会　⇒年金制度　⇒企業と年金

［ここを活用］

　パーセントの英語での表現などをスクリプトで確認してください。様々に応用できます。

　　数人で分担し、練習した後、役割を入れ替わり練習する、最後にはスライドだけを見て、原稿を見ずにできるようになることを目指しましょう。もし、一人で通してできるなら、かなりの実力といえます。

4．グループで取り組むプレゼンテーション

1．「おもてなし」

(易しさ☆☆☆　分担して7分　Webデータ　音声ファイル　プレゼンテーションファイル)

【PTTファイル】
(スクリプト付)

　日本の「おもてなし」どう表現しますか？　海外フィールドワークに出かけた1年生たちが、今話題の「おもてなし」について、現地大学とのプレゼンテーション交流で、発表したものです。4人グループで取り組みましょう。

［コアメッセージ］

【おもてなし・音声】

　日本社会はおもてなしの国。心豊かな国として旅行客も多いようである。政府観光局（JNTO）調査では平成30年のインバウンド数は3,000万人を超えている。人を思いやり、真心をつくす考え方は教育の中ではぐくまれている。小学校の学校給食や、清掃活動もその一端である。

［構成］

> タイトル　⇒アウトライン　⇒オリンピック誘致　⇒外国人　⇒意味　⇒おもてなしと社会　⇒おもてなしと地域　⇒おもてなしと教育　⇒教育学び　⇒結論

［特徴］

　具体的な場面（写真）で「おもてなし」を説明。海外の学生に向けてのプレゼンテーションです。日本の教育について海外の学生はあまり知りません。協力、思いやりが日頃の学校での掃除や、小学校での給食での協力や助け合いの中ではぐくまれていることを、写真を使って説明します。

　外国人観光客が増加している今、私たち自身が日本を理解する大切なプレゼンです。

[ここを活用]

　英語のリズム（Prosody）や１分間130語程度の発話、ジェスチャーなど、体

験しなければ身につかない英語プレゼンテーションスキルをつかむ訓練です。

　音声ファイルも、プレゼンテーションファイルも web からダウンロードできますので、ぜひ「話す力」を鍛えてください。

1人目　1 Hello, everyone.
Our topic is the OMOTENASHI Mindset in Japan.

1人目　2 This is the outline.
First, Hospitality and the Olympic Games.
Second. What is OMOTENASHI.
Third, OMOTENASHI and school education.
Fourth, Example of OMOTENASHI.
Last, Conclusion. Hospitality.

1人目　3 At the IOC meeting, **held on** September 2013, Ms. Christel Takigawa started her presentation, 'Tokyo will welcome you in a very unique way. We will welcome you with what we call 'Omotenashi.' Her presentation in French is said to be the most powerful among presentations of other Japanese delegation members. And Tokyo was chosen to host the

2020 Olympic Games and Paralympic Games.

> held →開催された　welcome you →歓迎します　unique way →特色ある方法で
> delegation members →代表団　was chosen →選ばれた

2人目 4 "Omotenashi" this word **represents** the culture of Japanese hospitality.

It means welcoming people with the spirit of unconditional hospitality. Welcoming people with hospitality **is not unique to Japan.** Cambodian people are kind, warm hearted and always welcome other people such as students like us with great hospitality.

> represent →代表する　warm hearted →こころ温まる
> mean →意味する　welcoming people →歓迎する　unconditional →無条件の　not
> unique to Japan. →日本独特のものではない

2人目 5 However, we want you to know a little more about 'Omotenashi Culture' which many foreigners say is **unique to Japan.** The concept of Omotenashi is the combination of two **original meanings.** 1st, **carry through something or achieve something,** 'nashitogeru.' This means, we carry through producing something, **serving customers or hosting a guest.** For example, if you are a shop clerk, you must have your **attentiveness to-**

wards shopper from the moment the shopper comes in, while serving the shopper and till you send the shopper off. And you are expected to do all that you can for the shopper. 2nd, Omotenashi. No front side. There should be **no backside** and no front side. You should not be two sided, you should not be two faced. Based on these two original meanings, the word 'omotenashi' represents a genuine act of hospitality, seeking no return.

is unique to Japan →日本独特なもの　original meaning →もとの意味　carry through →実現する　achieve →達成する　serving customers →お客様に対応する host →もてなす
attentiveness towards →～への思いやり　no frontside →表がない　no backside →裏もない（裏表がない）　two sided →２つの心　represents a genuine act →まごころある行いを示す

2人目　6 Examples of Omotenashi. The spirit of Omotenashi, **is reflected in** many good aspects of Japanese society, in services at hotels and restaurants, no **littering** on streets, people standing **in queues, low crime rates**, many vending machines, and trains running on time. Train operators always work hard to carry through their train service. And also this spirit **affects** people's mind and **behavior** when they are in a trouble.

reflected in →映し出した　littering →ゴミを散らす　in queue →列を作って　low crime rates →低い犯罪発生率　affect →影響する　behavior →行動様式

3人目　7 These are the photos from the BBC and another media company **reporting how calmly and patiently** people wait in a line to get water, food or other daily **commodities** after the March 11, 2011 Quake and Tsunami disaster in the Tohoku region, Japan. We take into consideration the needs of others, and do our best to **cooperate with** others.

reporting →伝えている　how calmly and patiently →とても整然と忍耐強く　commodities →必要物資　take into consideration →配慮する　cooperate →協力する

3人目　8 Now, let us move on to how this spirit of 'omotenashi' is **nurtured** in children. At **kindergarten**, children learn basic social rules, having a fun time **sharing** toys, playground equipment.

nurture →育てる　kindergarten →幼稚園　sharing →共同で使う

3人目　9 These are the photographs of **athletic meet** and **performance at an 'Open Day'** event.

They also learn that they are members of a **community** through performing singing songs, or brief plays in school events in front of their parents and other members of the community.

athletic meet →運動会　performance at an 'Open Day' →公開日の演技　com-

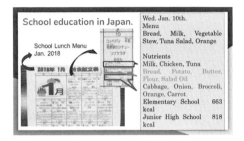

4人目 10 At elementary school, 'School Lunch' and 'Cleaning Time' give students basic lessons of 'omotenashi.' School lunch **is prepared** in the school kitchen or brought from the School Lunch Cooking center.

The daily menu, with **ingredients and calories**, is given to each student and also put on the information board. Look at nutrients. They **are categorized into** three colors. **Red nutrients** are **protein** from fish or animals, Yellow, fat and starch, Green, vegetables. Students can learn the importance of food and nutrients. Parents can check what they eat for lunch.

'School Lunch' and 'Cleaning Time' →給食と掃除　prepare →準備する　ingredients and calories →素材とカロリー　nutrient →栄養　categorize →分類する　protein →タンパク質

4人目 11 "The group of children **on duty** go to the kitchen, bring the food, plates and **utensils**, to their classroom and **serve** lunch for the other children. The duty is **assigned** to a group on a **rotating schedule**. Through operating lunch time by themselves, they learn about Food and Health, importance of sanitation, public hygiene, cooperation with and consideration for others.

on duty →係の仕事　utensils →食器　serve →提供する　assign →割り当てる　rotating schedule →当番制

4人目　12 Also, they clean their classrooms, toilets, **corridors**, stairs and almost everywhere in their school. They learn the importance of **keeping public space clean, sanitation and cooperation**.

corridor →廊下　keeping →保つ　sanitation and cooperation →衛生的であること、協力的であること

4人目　13 Conclusion.

In this way, school education plays an important role in nurturing the 'omotenashi mindset' in children. We hope you will come to Japan and enjoy our 'omotenashi culture' that **we are proud of**.

nurture →育てる　we are proud of →誇りとする

That's all. Thank you.

■ 2. 日本の四季 "Four Seasons"

(4人で挑戦)(易しさ☆☆☆ 5分 ビデオクリップ プレゼンテーションファイル+スクリプト)

【四季PPT】

4つの季節ですので4人で分担しやすい構成となっています。1行でも2行でも自分の季節に対する思いを入れると、力強いプレゼンテーションとなります。4人で、季節の分担も変えて練習し、最後にはWhich season do you like

【日本の四季動画】

best? などの質問をお互い投げかけ、内容の英語表現の定着させましょう。

[コアメッセージ]

　春夏秋冬、それぞれに美しさのある日本。それぞれの特徴を語る。いろんな楽しみ方を伝えると同時に、自然とともに生きる日本人の生活を伝えてみる。

[構成]

　春夏秋冬と流れるプレゼンテーションの基本中の基本の展開。印象的な写真を語り、内容を文字で語り、季節ごとにまとめます。最後に提言を行います。自らの経験を応用で少し入れると、より聞き手が引き込まれるいいプレゼンとなります。

> タイトル⇒アウトライン　⇒春　⇒春のまとめ
> 　⇒夏　⇒夏のまとめ　⇒秋　⇒秋のまとめ　冬⇒冬のまとめ　⇒提言

[ここを活用]

　写真を示し、語ってまとめるという、どの分野のプレゼンでも利用できる基本表現です。中学校の英語表現となっていますので、まず声を出して、英語で伝えてみる体験をおすすめします。ゆっくりと語る、そして単調にならないよう、問いかけを行うことにも挑戦しましょう。

タイトル　アウトライン　（1人目）

Hello, friends.

I am Gary, a student at Nihon Fukushi university.

I'm so pleased to be here with you today.

I really want you to understand something interesting about Japan——its four seasons.

So my presentation title today is "Four seasons of Japan."

How many seasons do you have here in Cambodia? (the Philippines).

This is my outline. I will describe the best points of all four seasons.

Finally, I will give some suggestions to visitors to Japan. So they can best enjoy their visit.

> I really want you to understand →あなたに理解してほしい
> I will describe →述べる、丁寧に述べる

春 （2人目）

Firstly, spring. It is a nice season for us.

Please look at this picture. It shows a typical scene in Japan.

Many flowers **are in bloom**, especially the cherry blossoms.

Ohanami :
Cherry Blossom
viewing Party

Looking at this, how do you feel?

It's also a nice time to start the year with.

The new school term starts in this season, with the beauty of flowers.

> are in bloom →花咲く　the new school term →新学期　Please pay attention to this picture. →この写真をご覧ください

Please pay attention to this picture.

What are they doing? In Japan we have a pleasant custom, to enjoy "**Cherry blos-**

som viewing parties under the trees." We call it, 'ohanami'. 'Hana' means flower and 'mi' means viewing.

We really love to go on an outing for cherry blossom viewing. If you have an opportunity to visit Japan in spring, don't miss it!

> Cherry blossom viewing parties →お花見　don't miss it! →機会を逃さないで

Let's summarize what I have been talking about.

Japanese love spring.

We celebrate the start of the school and business year by appreciating the beauty of nature.

It is a very special season for us.

> Let's summarize what I have been talking about. →
> ここまで話してきたことをまとめたいと思います。

夏　(3人目)

Please look at this picture.

Summer in Japan is very hot and humid.

So we love to go to the seaside to enjoy swimming.

Okinawa is one of the most beautiful places to go in summer.

Let me summarize about summer in Japan.

Hot and humid, but enjoyable.

> Let me summarize →まとめましょう

秋 （3人目）

What a beautiful color it is !!

We can enjoy the beautiful autumn colors.

We also have a lot of festivals that celebrate the harvest.

Autumn colors are beautiful.

We have a lot of festivals in this season.

冬 （4人目）

Let me talk about winter.

This picture shows family members (monkeys) enjoying hot springs together.

（雪は海外旅行者には魅力的な資源である。自分の経験を足すとよい。）

Enjoyable Skiing

We can enjoy skiing in the northern areas such as Hokkaido.

Have you ever touched snow before?

Winter is also a fun time for us students. Recently snowboarding is booming in popularity.

Have you ever touched snow before? →雪に触れたことがありますか？

Winter also brings us an enjoyable time and lovely scenery.

And it is the best time to enjoy a hot spring.

まとめ（ゆっくりと四季のイメージを保ちながら伝える。）

Suggestions
• Over One year
• Differ time to time
• Season's own characteristics

As a suggestion, I hope you will be able to stay in Japan over one year. Each season varies from time to time.

Along with the time passing, you can enjoy the characteristics of each season. Don't miss them !!

Each season varies from time to time.

Each season varies from time to time. →それぞれのシーズンが、時の流れとともに

■ 3. ビジュアルに8分間：グループで語りきろう

　体験的な学習を通して、英語の力を伸ばした学生が、集大成として大学3年生時に、その学びを写真中心のプレゼンテーションで紹介しました。後輩にとっては、学びに活かす英語について知る機会となりました。

　TOEIC高得点へとつながっているのですが、それよりも、アジアでの国際的な活動のツールとしての英語の役割を明確にしています。東京のNEW ED-UCATION EXPOという、大イベントでも発表する機会を得ました。

（1）写真を中心に構成

　何よりも写真を中心にストーリーを作り、わかりやすい、話しやすい短文でスクリプトを形成しています。まず写真で流れを次のように構成しました。

> ・大学で経験したショートプレゼンテーションの授業
> ・ビデオ録画で振り返る練習
> ・国際連携プロジェクトでのプレゼンテーション
> ・国内大会から海外でのプレゼンテーションへ
> ・身につけた力を活用して、カンボジアでのボランティアへ

　写真活用は、プレゼンターがストーリーを組み立てやすくなるとともに、聞き手も直観的に一次情報を把握し、内容を取り込もうとします。

（2）ここでの練習のポイント

【学生音声】

　・音声ファイル、プレゼンテーションファイルを活かして、シャドーイングしながら、プレゼンテーションを自ら行ってみる。
　・友人4人程度で練習する。1人2分の分担で行い、ビデオに撮る。
　・役割分担を変え、練習する。キーワードの発話を工夫する。
・短文が発話を支えていることを体感する。写真が語る内容を考えながら、伝えていく。

・発展として、自分の英語学習について、写真を数枚構成し、2分程度のプレゼンテーションを作る。

（3）全体の流れ

【PTTファイル】

　　web上のPPTファイルには、下図のごとく、写真を中心にストーリーが展開されています。これまで述べてきたように、写真は言語の壁を超えて多くを語ってくれます。それらの写真に加えて、短く、言いやすい表現でスクリプトを作りました。

構成概要

【スクリプトQR】

Chapter 4

高校生、大学生の
プレゼンテーションに学ぶ

20年継続「ワールドユースミーティング」の事例から

　体験的な学びは、英語学習の動機づけに大きく働きます。「ワールドユースミーティング」は20年間続いている10,000人参加の国際プレゼンテーション大会です。アジアの学生、高校生の集うこの大会は、協働でプレゼンテーションを作成する段階で英語を活用し、問題解決をしながら、ともに舞台に立ちます。発表できたという国際協働による達成感は、その後の英語、国際連携の学びに大きな力を与えます。生涯を通した学びへの道へとつながります。ここで年々プレゼンテーション力を増している学校を紹介していきます。

1. 福井商業高等学校

【スクリプト動画】

　福井商業高校は、ダンス、野球などの部活が有名ですが、20年も連続でWYMに参加し、国際的に活躍する学校としても歴史を築きつつあります。またいつも素晴らしいプレゼンテーションを工夫し、展開しています。教員全体の連携のある「学校教育力」No.1の学校です。

　授業の1つの成果として、国際協働学習に取り組み、20年間の先輩からの伝承で、プレゼンテーション成功の要素を掴み、大会では全体のモデルとなるプレゼンテーションを披露してくれています。

　特にプレゼンターの負荷を考え、4〜5名、時には7〜8名で分担して、プ

レゼンテーションに取り組みます。一人一人の負荷を少なく、なるべく多くの生徒に英語プレゼンテーションを体験させたいとの配慮からだと思います。

・部分を担っていても、やがては全体のプレゼンテーションができるようになる。
・英語プレゼンテーションを効果的に学習し、体験できる。
・発話、ジェスチャー、立ち位置など、参加者でお互い切磋琢磨できる。

という学習を可能にするものです。

　また、WYM では他国との協働プレゼンテーションが 1 つのテーマです。ネットワークを通した準備の後、日本で、海外でプレゼンテーションを行います。多くの生徒が「国際的な環境」の中でプレゼンテーションに取り組めます。協働制作という場での英語活用も学び、プレゼンテーションという、Outcome（学習成果）が確実に、英語活用の自信を深めます。

　音声、プレゼンテーション動画もありますので、果敢に取り組むその姿から、ビジュアルプレゼンテーションと発話、立ち位置、ジェスチャーを学んでいただきたいと思います。ぜひグループで切磋琢磨してプレゼンテーションを作り上げていく手法を体験してほしいと思います。

■ 1. 福井商業高等学校事例 (QR：ゲーリー先生音声　PPT ファイル)

[プレゼンテーションタイトル] Our way of being

[構成] AI と私たちの生活について→ 3 つのキーワードと身近な事例の展開→ AI と今後どうつき合っていくかを提案

【ビデオ動画】　[ここが素晴らしい] 明確な構成　発話しやすい英文の選択　ひきつける事例　Prosody（英語の流れ、音を意識した発話）。立ち位置。移動。ジェスチャー。誰もが聞き取れる Delivery Rate（発話スピード）。聴衆とのインタラクション。Keyword の明確な発音。

■ 2．英語プレゼンテーション・スクリプト

Our Way Of Being

Fukui Commercial High School
Sinshing Senior High School

10 years ago, I was seven years old. I didn't have an iPhone or wearable devises and, I had never met pepper.

However, now in 2016, our lives **are filled with** a lot of technology. AI has especially developed rapidly.

are filled with →満たされている

AI means Artificial Intelligence. Artificial Intelligence is a computer system that can learn, reason, and judge like a human. For example, one of the most famous AIs for us is Siri.

Now, we can talk to Siri, even though she is a machine! Also, we will have a microwave oven that can learn recipes, guess what we like, and even cook for us.

Artificial Intelligence

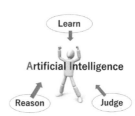

Moreover, we read the news about the AI called "Watson", it saves lives of **patients with a serious disease**. Like this AI helps us spend comfortable lives and even save our lives! However, we may **rely on** AI too much. We can't stop using it. If this goes on, we may be controlled by AI. Then, what can we do to live with AI? To answer this question and open the door to the future, we should realize three great abilities that humanity has. These are creativity, empathy, and morality.

> patients with a serious disease →深刻な症状の患者たち　rely on →依存する

3 Great Abilities

L
- **Creativity**
- **Empathy**
- **Morality**

The first ability is "creativity". Look at this list. Do you have any idea about what it shows? These are **jobs that could disappear** from our lives because of the introduction of AI. They tend to require mechanical movement.

Creativity

Creativity

Designers

Directors

However, there is one thing that AI can't **substitute** in place of humans. It is creativity. AI can analyze from past statistics. On the other hand, humans can produce new things by making use of our own innovation even **without statistics**. These kinds of jobs such as designers and directors are expected to remain occupied by humans. We need to develop our creativity in the next 10 years so that we are able to live with AI in society.

The second ability is "**empathy**". Most people have a cold image of robots **In the nursing care field**, AI do well in preventing diseases and treating patients. For example, a nursing care robot can use programming to plan recreation activities that are fun for the elderly. However, it's difficult for AI **to cope with exceptions**. Humans can deal with many situations flexibly. On the other hand, AI can't because they do not fully understand other people's feelings and problems. Nursing care needs understanding for others, and communication is important. Humans have the spirit of consideration, so we can recognize other people's feelings. So, empathy is required when we have contact with people.

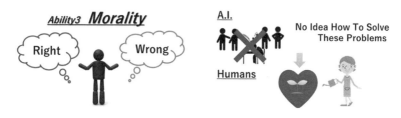

The final ability is "morality." We can judge what is right or wrong. In the education field, AI makes good results so that students can study without getting bored. For example, an experiment was held in which AI gives a lesson to students instead of a human teacher. In addition, AI is able to teach students in a way that pays close attention to each specific detail one by one. It is possible that education will **change for the better** in 10 years. However, there is one thing that AI can't teach students. That is morality. Although AI can understand bullying is bad, it is not able to **judge whether bullying has started** and it has no idea how to solve it. Therefore, humans, not AI, should be responsible for helping the mental health of students.

change for the better →好転する　judge whether bullying has started →いじめ
が始まったかどうか判断する

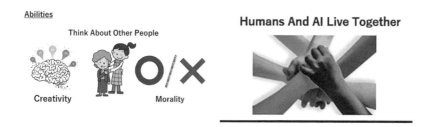

In conclusion, even though AI will develop more and more from now on, humans should continue to make use of our amazing abilities. To do this, these three things are essential for us. Although AI is superior when dealing with enormous data, humans can make new things with their excellent creativity. Also, people can think about others deeply. Finally, humans can decide what is good or what is bad. With these potential abilities of ours, AI and humanity can become good partners. We need to accept AI and live side-by-side. In 10 years, humans and AI will live together. This is our way of being!

> dealing with enormous data →巨大なデータを取り扱う　potential abilities →潜在能力

2. 奈良育英高等学校

【動画】

奈良育英高校は台湾・高雄市のセントポール H.S. と協働プレゼンテーションに取り組んでいます。日本、台湾を舞台としたオーセンティックな「活動の場」の中で「グローバル感覚」を育成しています。

　　このプレゼンテーションは長年の連携の下、2017年 WYM にて実施された協働プレゼンテーションです。

　学校での授業展開に加え、ニュージーランドでの研修、夏の WYM、冬の ASEP での国際協働学習で、連携校とともに、協働プレゼンテーションに取り組んでいます。

　舞台での発表に至る過程の中で、生徒たちは英語を駆使して相違点を克服し、

その中で英語の働き方を体感しながら、協働作品を作り出します。相互往来の年間プログラムでのホームステイや交流を通してグローバル人材として必要な資質を身につけています。

■ 1. 奈良育英高等学校事例 (QR：ビデオ動画　スクリプト　PPTファイル)

[プレゼンテーションタイトル] Education and Identity

[構成] 台湾の教育。2つの事例。日本。個々の事例。経験学習の意味。
Identity の形成。

[ここが素晴らしい] 一人一人自らの経験に根差した意見を述べる。意見に対したコメントでリズムを作る。短文でわかりやすいスクリプト。しゃべりやすいスクリプト。キーワードで確認 (Experience Based Education, spoon fed education, Project based Learning)。スクリーンと立ち位置。しゃべらない人の態度。

■ 2. 英語プレゼンテーション・スクリプト

[Introduction]

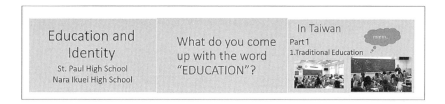

Today, we are going to talk about the relationship between identity and education. Earlier this year, we studied abroad in New Zealand, where we experienced **a completely different education style**.

> completely different education style →全く異なったスタイルの

We also met many people with **diverse personalities** and identities. We learned a lot from this experience and think our identities are connected to education. This is the reason for our presentation today. Now let's hear from our friends from Taiwan.

> diverse personalities →多種多様な性格

Well, in Taiwan......

Part 1.　Firstly, one way teaching and learning——Traditional Education

When I was an elementary school student, there were about 35 students in my class. It was always **teacher-centered**. The teacher taught very hard on the stage and we students learned **attentively and quietly**. There was no interaction between students.

> teacher-centered →先生が一方的に伝達する　attentively and quietly →注意深く、静かに

Secondly, exam-oriented.

Therefore, **the only efficient evaluation** is to give us an exam. Though the process was very stressful, it was fair and could push us to learn.

> the only efficient evaluation →唯一の効率的な評価方法

Thirdly, cram school.

Of course, if we didn't get good scores, we had to **go to cram school to strengthen our weakness**. Everybody, including my mother, thought the academic performance was the most important. That was the identity people recognized by education.

> go to cram school to strengthen our weakness →弱点補強のため塾に行く

[Comment]

Japanese education is the same. However we think teachers can teach easily in small classes. In addition, exams are important but they make students tired.

Part 2. Vocational education is as important as academic performance.

・Person Special can build the identity

We **increasingly emphasize** the academic performance and **personal specialty**. When I was in the second grade of junior high, my school took us to many senior high schools to experience different courses, allowing us to discover our own interests.

I still remember we students could walk around and use materials freely to create our own models.

Therefore, some of my classmates had decided to attend vocational schools. Through education, we learn to find our talent and strength which becomes our identity.

For example, Terry Kuo is world famous, the king of OEM, the other Glory of Taiwan is Pao Chun Wu, who won the European bread victory and World Gold champion in 2008 and 2010. Both of them found their own position in their respective fields, and their identity.

> increasingly emphasize →だんだんと強調しつつある　personal specialty →個の持つ特性

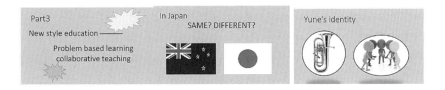

Part 3. New style education-collaborative teaching vs learning.

After we started to attend senior high, we found there have been more interesting and **interactive courses**.

The most active one was PBL (**Problem-based learning**). We **were grouped into** 6 teams with the most advanced **students helping the inferior ones**. And the teacher sometimes offer **scaffolding instruction**.

Finally, we did the presentation. Students as well as teachers **acquire respect, tolerance, negotiation** and the ability to reach an agreement like we do now in WYM. We should learn more open-mindedly and globally. In other words, everyone and nowadays collaborative education needs to reestablish the new identity with free identity.

interactive courses →意見交換する授業　Problem-based learning →問題解決学習
were grouped into →グループに分けられる　students helping the inferior ones →
援助する生徒　scaffolding instruction →教師からの援助　acquire respect, tolerance, negotiation →協議、寛容な心、相手への敬意を獲得（学習）する

Now we are going to introduce our thoughts of identity. We will talk about what made our identities with our examples.

Yune:

I learned the base of human's attitude when I was a member of a brass band club. I also learned **how to unite us as "one"** and tried hard for the same goal. We practiced very hard and we spent a tiring time but we **achieved the same goal**. I think I could make my strong identity by this experience.

how to unite us as "one" →いかに団結するか　achieved the same goal →同じゴールを達成した

Kana:

I learned studying is important for me. For example, my mother said "Many people will try to teach you various things, so you must listen carefully not to forget anything important. If you can do this, you can become a better person from it." I **was impressed to hear that**.

When I was in a kindergarten, all of my friends were a little quiet. So I decided to be a bright person. That made my bright identity.

> was impressed to hear that →感動してその言葉を聞いた

Maki:

I can make my thoughts wider to exchange my feelings with all kinds of people. In my school lessons, we have opportunities which we can exchange our thoughts about novels.

Through these lessons, I **am exposed to different points of view. This allows me the chance** to be someone who can understand and appreciate different ways of thinking. This is my identity.

> am exposed to different points of view →違った見方に接する　This allows me the chance →このことは私に機会を与えた

Azusa:

Knowing about ways of thinking in other cultures is important for me. I can do this not only by reading about other cultures, but also by travelling and communicating with people from overseas. WYM is a great opportunity for this. Experiences like this allow me to become an **open-minded person** because I must communicate and work with students from Taiwan.

> open-minded person →心の広い人間

[Comment]

As we Taiwanese students do, if we are more active, collaborative and flexible, we can communicate with different people and learn more.

From these experiences, we cannot say that identity is made of just EDUCATION. Our experiences are the most important to build up our identities. Our feelings and

Conclusion

•Knowledge based EDUCATION?

•Experience based Education

thoughts are more important than studying. All of what we experience is the EDU-CATION and our identities come from that EDUCATION.

Experiencing our surroundings and finding a way to become educated through those experiences makes our identity. **Exam-oriented teaching and spoon fed education** are the typical education styles in Taiwan and Japan. However, we found that it is important to interact and participate because we have own experiences.

> exam-oriented teaching and spoon fed education →試験中心主義の指導や甘やかしの教育

Basically Japanese and Taiwanese students must have an education. However, in the world some people cannot get an education at all.

People who can get an education have to be leaders and use it to guide future generations to discover their own identities by **sharing experience based education**. This is our identity. This presentation is an excellent opportunity for us to build up our identity so we can serve our purpose as global citizens of leading others around the world to their identities.

We want future generations to have experiences that they can learn from, just as we have, because in the end, **we are what we learn**.

> sharing experience based education →教育で起こる経験を共有しながら　we are what we learn →私たちは、私たちの学びの成果です

3. 立命館中学校・高等学校

【動画】

立命館中学校・高等学校も20年近く WYM と、毎年高雄市教育局主催で開催される Asian Students Exchange Program（ASEP）に参加してきました。どちらの大会も、海外の生徒・学生と日本の高校生、大学生がともに、英語プレゼンテーションを協働で作成するところに特徴があります。その過程で、体験的な学び、異文化理解、国

際言語としての英語の役割、私たちの住む日本について学びを深めています。

　立命館中学校・高等学校では教室の学びを活かし、さらに新しい学習環境（海外フィールドワーク、国際プレゼンテーション大会参加）の中で、世界でリーダーとなる生徒たちを見事に育てています。

　生徒たちは英語をすでに道具として活用し、自らの考えを海外の生徒とともに練り、メールのやり取りをし、さらには海外からの生徒・学生たちの来日後には合宿でプレゼンを完成させます。写真は、今年度のWYMで立命館びわこ・くさつキャンパスで同校の生徒たちとベトナムの高校生たちの、プレゼンテーションの構成についての論議の様子です。

　英語で論理的に、さらに、発話・プレゼンテーションすることを考え、ファイルのイメージを合わせて考えながら大会当日に向けて時間を重ねます。

　ベトナムらしさ日本らしさを出しながら、一つの作品を作り上げます。その作業の中で英語は「異文化の学び、対立と和解に使い」「完成した協働作品とプレゼンテーション」をたたえあうための、重要な言語であることを、教えてくれます。

■ 1．立命館高等学校事例（QR：ビデオ動画）

［プレゼンテーションタイトル］Inside Out—One way to achieve our true quality of life

　［構成］ベトナム・日本の「競争を語りつつも」Well-Being をキーワードと

した生活のあり方、生き方を提案。劇構成で、対話形式でわかりやすく、結論へと導き、会場の誰にでもある two types of "yourself" を軸に展開していく。

[ここが素晴らしい] 対話形式で展開。時にオーディエンスに問いかける。Competition と Well-being をキーワードに。会場から見た自分たちの立ち位置を考え、内容に応じて適切に移動。Keyword の明確な発音。

■ 2. 英語プレゼンテーション・スクリプト

Inside Out—**One Way to Achieve** Our True Quality of Life

INTRODUCTION [Competition in capitalism, competition in socialism]

A: Ughhhh I'm sick of this life!

B: What's wrong with you?

 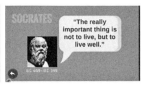 

A: My mom told me that I had to get an A for all classes……I don't even know what I'm living for!

B: Calm down (name), we're meeting a new friend from Vietnam today.

C: Hey!

AB: Hi!

C: What were you guys talking about?

A: We have a big exam next week and we **are forced to** study harder but I mean, what for?! People tell me to get better grades, to go to a better university, to go to a better company. How am I simply going to be happy?!

C: Hmm. You're right. **Capitalism encourages** people to compete more.

B: But Vietnam is a socialist country, right?

C: Yeah, but **we're heading to** a free market.

> one way to achieve →達成する方法　are forced to →強いられる
> capitalism encourages →資本主義は○○させようとする
> we're heading to →に向かっている

B: So both countries approve of competition. Does that elevate one further?

C: It's true that competition makes society more efficient and convenient, but we can't forget that our **quality of life can be degraded** with too much of it.

Socrates comes out from under the table.

BODY 1 [Too much competition does more harm than good] Quality of life can be degraded.

> quality of life can be degraded →生活の質が低下するかもしれない

D: "The really important thing is **not to live, but to live well**."

A: What, who are you?!

C: Don't you know him?

B: He's Socrates, one of the best philosophers of ancient Greece!

D: So you all are living in a society where people compare themselves with each other.

> not to live, but to live well →単に生きることではなく、よりよく生きることだ

B: Yes. I know it's helpful to motivate the whole society to work effectively, but **I**

can't help but think this trend we have today has been "too much".

C: I'm pretty sure being happy isn't just about trying to be rich and live better than anyone because competing doesn't make us feel happy. In my opinion, what you accomplish from winning over someone is a **superiority complex**.

D: Can you **elaborate on** what you said?

C: For example, in Vietnam, people tend to care about children's grades and diploma.

I can't help but think →考えざるを得ない　superiority complex →優越感　elaborate on →詳しく述べる

A: It is the same in Japan!

C: Yeah, **the higher your grades are**, the more money you'll earn. It's considered to be "happier" than having lower grades and earning less money. But I don't think it's **true happiness**, because we're just **comparing our lives with someone else** and feeling better.

---

the higher your grades are →高い立場だと　true happiness →本当の幸せ　comparing our lives with someone else →自分の生活を他人と比べる

  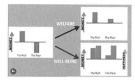

A: Competing too much may deform society itself.

Have you ever heard of SDGs, the 17 goals from the UN to create a sustainable world? Take a look at No.8 -- **DECENT WORK AND ECONOMIC GROWTH**. Many people believe that economic growth will help them become happy. But is that really so? For past decades, people have been constantly looking for ways to be wealthier. By competing with others, we certainly became much richer **than we've ever been before**. And what do we have right now? The huge gaps between the rich and the poor, **increased suicide rate**. Too much competition may make people too stressed.

> DECENT WORK AND ECONOMIC GROWTH →働きがいのある人間らしい仕事そしてすべての人のための経済成長　than we've ever been before →以前そうであったよりも　increased suicide rate →自殺率の増加

D: Hmm. The economy must exist to serve society, not to be served by society. Though we need our basic needs met to have fulfilling lives, **seeking desperately for material wealth** just makes you compete with others more and more unnecessarily.

A: So that means it's meaningless that I study hard to get an A!

D: Of course, you have to study hard. But I would say the purpose must be to learn, if we intend to achieve well-being.

B: I now understand that a competitive society might cause us to drop our quality of life. But how can we find happiness if it's not by comparing with others?

D: Good question...... Does anyone have any thoughts to share?

> seeking desperately for material wealth →必死に物質的豊かさを追い求める

BODY 2 [What is well-being]

D: Do you realize that you have two types of "yourself"?

C: I don't have a split personality!

D: Ha ha ha. One is you paying attention to the outside, and the other is you listening to the voice from your heart.

A: Oh, so you mean that one is you judged by others, and the other is you judging yourself. But how is that related to well-being?

D: When you notice your well-being, does it come from seeing other people's faces? From what others say to you? (Ask the audience. ABC shake their heads) Or...... from what you feel in your heart? You see? Only you can determine what fulfills your sense of well-being.

A: Hmm. I never thought about what my "real" well-being meant. But even if I, only one person, know that, our society will stay the same. it will still force us to compete with each other.

B: That's not true. **If you don't judge yourself by competing with others**, you also won't judge your friends **with that criteria**. If your friends realize **what it's like not to be judged by others**, they also will learn to find their well-being in other ways besides simply comparing themselves to others.

if you don't judge yourself by competing with others →もし、自分自身を他者と競い合うことで判断しなければ　with that criteria →その基準で　what it's like not to be judged by others →他者によって判断されないものがどのようなものなのか

  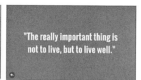

C: And eventually, communities and societies all over the world will improve their true quality of life.

D: At first, it may sound impossible to change everyone's mind, but it's totally possible. Because we are all interdependent and can influence each other.

D: Well, it's time for me to go back to ancient Greece, my students are waiting for my lessons...... See you again in your textbook!

CONCLUSION [Connection to Our Future]

B: Though competing does encourage us to be better, individual well-being cannot be accomplished solely by comparing ourselves to others. We must also **look inside to realize happiness**.

C: Human beings want to be happy. And we can all create a happier world, **rooted to Socrates quote**: look inside to realize happiness look inside to realize happiness →幸せを実現するために内面を見つめる　rooted to Socrates quote →ソクラテスの名言（引用）に依拠する

4．南山国際高等学校

【当日の様子】

　南山国際高等学校は、夏にWYMそして冬にASEPとここ20年近く連続で国際連携プロジェクトに参加し、学習成果物である英語プレゼンテーションを海外連携校と作り上げています。先輩たちのモデルを踏襲し、毎年工夫した作品を完成させています。

このような学習場面での「摩擦」の意味や、英語に対する考え方の違いを受け止め、国際的に活躍する人間になるための鍛錬の場としてWYMを活かしています。「グローバル人材」の育成を、海外生徒との協働作業を通して行っています。

　すれ違いの多いスタートから、ゴールの設定、ともに走ることで得る共感、経験を活かし、年々素晴らしい成果を出しています。

　英語をEFLとして学ぶ日本の生徒の英語活用には特徴があります。作品完成までの共感のプロセスで、英語を使い、その英語の滞空時間が、英語プレゼンテーションの当日での発話へとつながっていきます。

1．南山国際高等学校事例 (QR：ビデオ動画　スクリプト　PPTファイル)

［プレゼンテーションタイトル］Water Saves Our World

［構成］水と世界、水と私たち。Water footprint の視点。水と今すべきこと。

［ここが素晴らしい］ニュースという形で情報提供。われわれの課題である水

に注目。世界から見た水と私たちの生活 I を語り、We を語り、今すべきこと Now を語る。登場するプレゼンターの自然なやり取り。思いを込めた手書きの絵。オーディエンスの目線を意識した立ち位置、移動、ジェスチャー、誰もが聞き取れる Delivery Rate（発話スピード）。セリフのキャッチボールで展開。1人の負荷が少ないセリフ。Keyword の明確な発音。

■ 2. 英語プレゼンテーション・スクリプト

Water saves our world

Host: Good afternoon dear audience and guests. Welcome back to the BBS show!

Host: Before introducing what our topic is today, let us first watch some news clips that are **worth mentioning**.

worth mentioning →お伝えしたいこと（価値あること）

News Report on Water Pollution

Reporter 1: **In developed countries**, 70% of **industrial waste** (such as heavy metals, harsh chemicals and oil) **is dumped** without filtering or special treatment, polluting usable water.

Drought

Reporter 2: Because of the delayed effects of the 2016 El Nino warming phenomenon, **global drought,** and **worsening food shortages**, has affected approximately 70 million people.

Host 1: Let's first welcome our **adorable** guest Dr.Taito, Pro. Kaede, Woojun, Emma, and our audience! Hello guests〜! How are you today?

Guest A: It's a great day and I'm glad to have the pleasure of being on your show.

Host 1: Glad to hear that〜! But let's **get back to the topic**, would you like to share your opinions about what we just watched and discussed?

Guest A: Although there's quite a lot rain in island countries like Japan and Taiwan, **how to store water** is still a big issue since there are still times when these countries experience drought. Besides relying on **reservoirs**, it's also important to collect water by ourselves!

Guest B: Totally agree, for example, we can store rainwater for the use of watering plants, flushing toilets, car washing, etc. Even though we know methods of collecting water by ourselves, there are still many water problems around the world.

Host 1: That's true, so...... are there any ways to solve the drought problem, professor?

Virtual Water: An amount of water used in order to make food, clothing, and so on.

Virtual Water Steak 200g = Water 4000L × 8000

Professor: There isn't really a perfect solution, but do you know about, "Virtual Water"?

Guest A: "What? Virtual Water"?

Reporter 1: Virtual water is **an amount of water** which is used in order to make food, clothing and so on. Let's use steak as an example. In order to get steak, we need beef. In order to get beef, we need to **grow the cows**. In order to grow the cows, we need water to feed the cows. Also, we need water to grow the cow's food.

Reporter 2: As a result, we need about 4000L of water in order to eat 200g of steak! We use about 200L of water in everyday life. So we use 20 times more water to eat one piece of steak.

> an amount of water →水の量　grow the cows →牛を育てる

Host 1: Oh, really? Isn't that only on food?

Professor: No, that is not true. Do you have a smartphone?

Guest (ALL): Yes, of course!

Professor: For this smartphone, water is used!

Guest A: Really?

Guest B: It's not possible. If water is in this smartphone, this will be broken.

Professor: That's not what I mean. About 1000L of water is used **in the process of** making the smartphone! Now, 1000L equals to 2000 bottles of 500 mL bottle.

> in the process of →の過程で

Guest B: That much!

Host 2: I've never thought about it like that. Maybe our uses of water **might be leading to** the water problems.

Reporter 2: Yes, we do have deep a relationship with water.

> might be leading to →つながっていく

Host 2: How are we going to solve this?

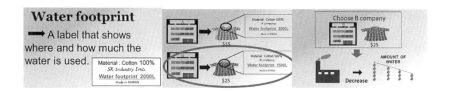

Doctor: Do you know "water footprint"?

Guest B: What is that?

Reporter 1: "Water footprint" is a label that shows how much water is used to make it. Don't you sometimes buy things by the calories?

Host 1: I do! I do! I wanted to buy an ice cream today. But I'm on a diet. So, I chose not to buy "Haagen-Dazs" but shaved ice. Because it was lower in calories than Haagen-Dazs.

Doctor: The water footprint is the same. For example, suppose there are two companies. Company A sells a cheap T-shirt, but uses 3000L of virtual water. On the other hand, Company B sells a T-shirt at a high price, but uses only 1500L of virtual water. Which do you choose to buy?

Guest A: I guess I would choose company B. If there were no water footprint on it, I would have chosen company A. But, since I know that it used a lot of water to make it, I chose company B.

Professor: Like this, if we buy things looking at the water footprint, we can save some amount of water.

Reporter 2: Actually, we can prevent water pollution with water footprints!

Guest A: What do you mean?

Doc: In the previous example, the product which uses less water is chosen, right? So, the factories will try to reduce the amount of water to make the product.

Host 2: Could you explain to us a little bit deeper?

Doc: By using water footprints, products that have less water would be sold more, and the factories would try to produce products with less water. So, the virtual water would be decreased. Also, pollution would be reduced.

Host 1: I see. Virtual water and the water footprint would be the key to solving water problems.

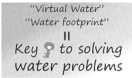 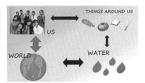

Doc: So, we are connected to things around us, and the things around us are connected to water. Water is connected to the world. In other words, we are connected to the world through water. Each one of us is related to the world. So, our little actions can change the world to a better place.

 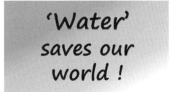

Professor: Yes! Our decisions can make a better future! Water has a deep relation to us. So, thinking about water is the key point to making a better world.

Host 1: Thanks for all guest's sharing, we all learned a precious lesson today!

Host 2: And thanks for watching our show, we'll see you next time on the BBS show.

Everyone: Water saves our world! Thank you for listening!

5. 関西大学・輔英科技大学

　　関西大学は国際協働プロジェクト ASEP、WYM に連続参加の大学です。ゼミ単位でプロジェクトに参加し、大学生の活躍は、国際協働学習の牽引役でもあります。国際的な取り組みの中でかならず発生する「葛藤・衝突」をグループダイナミクスの観点から研究対象とし、多くの知見を他の参加校に提供しています。

　　他国との英語プレゼンテーションの意味が、英語表現や、英語コミュニケーションの範疇にとどまることなく、グローバル人材育成のための視点を与えてくれることを常に示唆しています。

　　国際コミュニケーション力は、ツールとして Skype、Line、Facebook、

E-mail などの ICT 活用能力が必要であり、学生たちはこれらを多用して、交流し、お互いを理解しながら、作品作りに挑みます。しかし、作品完成の中で起きる様々な「衝突」(Conflict)を乗り越えなくてはなりません。これを乗り越えない限り、ゴールにはたどり着けないのです。学生たちは作品を作り上げる中での場面で、「回避」「対決」「宥和」「妥協」「協働」の観点から活動し、国際人として、グローバル資質を獲得すべく奮闘しています。協働プレゼンテーションという学習成果物を作り出す中で、グループダイナミクスによって、「国際的な調整力」「交渉力」も身につけています。

　　ここに掲載したものは、2018年夏に行われた WYM の作品の１つです。異なった文化をもつ２つの大学の学生が、「戦い」「解決を見つけ」「完成させた」ものです。その証としてのプレゼンテーションであり、お互いの国、文化を知り、自らの中に「世界」を構築した成果です。何よりも育ったのは、このプレゼンを体験できた学生たちといえるでしょう。

■ 1. 関西大学・輔英科技大学事例 (QR：ビデオ動画　スクリプト　PPTファイル)

[プレゼンテーションタイトル] Happiness to Women Well-being to the World

[構成] NPOを想定。ミッションを解いていくストーリー。第一のミッション。見た目（服装、化粧）の問題解決。第二のミッション。職業と女性に対するステレオタイプの是正。

[ここが素晴らしい] 全員女性プレゼンターであり、お化粧、ファッションといった職業上のステレオタイプという「私たちの共通課題」を扱う。自分たちをNPOチームの一員と位置づけ、具体的な提案を行う。登場するプレゼンターの立ち位置はわずかに移動してしゃべる手法、姿勢、左右に分かれた配置、ジェスチャー。誰もが聞き取れるDelivery Rate（発話スピード）。1人の負荷が少ないセリフ。Keywordの明確な発音。

■ 2. 英語プレゼンテーション・スクリプト

Introduction

Do you **notice something unusual** on my face?

Yes, I did not put makeup on my face today.

Do you know why? Because it takes a lot of time, energy and money!!

Don't you think **it's annoying** that only women have to do make up?

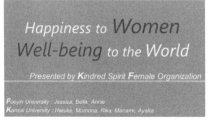

Do you know that **I have once dreamed of being a pilot**?

Yes, I **gave up** on my dream.

Do you know why? Because I am a girl and my parents told me not to!!

Why should I give up my dream **because of my gender?**

We feel we are required to be girly. It sometime makes us feel pressure.

But we believe if we release women from the pressure, the world would be a better place, since women are usually center of a family as mothers or wives.

> notice something unusual →いつもと違うことに気づく　it's annoying →気に障る
> I have once dreamed of being a pilot →かつてパイロットになろうとした
> gave up →あきらめた　because of my gender →自分の性のため

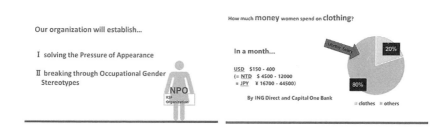

Fashion Library

In order to solve these problems, we would like to establish a non-profit organization called **Kindred Spirit Female in the future**. It improves the well-being to women.

The two missions of our organization are:
（1）solve the pressure of appearance
（2）break through occupational gender stereotype

By creating this organization, we can be a model of a better society.

Today, we would like to introduce some ideas about our organization. Let's begin.

> In order to solve these problems →問題の解決のため　kindred Spirit Female in the future. →未来の女性の姿（kindred spirits 気の合うもの同士）

Body 1

The first mission of our organization is to solve the pressure of appearance.
In general, women are likely to be judged by how they look. They are supposed to be well-dressed and put makeup on. This situation may **make them feel stressed**. Then, we would like to give two suggestions which can **relieve women from** social pressure.

> In general, women are likely to be judged by →一般的に、女性は○○で判断されるようだ　make them feel stressed →負担となる　relieve women from →～から自由にする

First, let's start with women having to be well-dressed.
According to a recent survey, the average woman spends **approximately** 150 to 400 US dollars on clothing **on monthly basis**. If a female student graduated and became a freshman in the job market, that amount of money accounts for 20% of her salary. **It sounds like a huge amount**, doesn't it?

> approximately →大体　on monthly basis →ひと月で　sounds like a huge amount →大きな金額

Therefore, we would like to share **a way that can help women spend less money**, but still be well-dressed – Fashion Library.
At fashion library, you can put your own unused clothes on loan and check out clothes instead of buying them.
The library **not only can help women have a great variety of styles** without spending much money, but also saves the resources on the environment.

> a way that can help women spend less money →女性があまりお金を使わないような方法　not only can help women have a great variety of styles →多様なスタイルの服を試すだけでなく

Occupation Gender Stereotype

Women Maintenance Workers

Second, we also have ideas about make-up.

According to a survey conducted in 2014, women spend an average of **55 minutes every day working on their appearance**.

If it's one year, it comes out to 14 full days! That's **a ton of time!**

In order to save their time, we would like to promote a makeup machine called "MODA".

When you put your face into the machine, your skin will **be analyzed** and **it applies three layers** of makeup: primer, foundation and color cosmetics.

This all happens in 30 seconds!!! That's incredible, right?

We hope Fashion Library and Makeup Machine can help women save money and time, and also relieve stress in daily life.

---

55 minutes every day working on their appearance →容姿に毎日55分かける　a ton of time →すごい時間　be analyzed →分析され　it applies three layers →その機械は３つの層（お化粧）を提供します

Body 2

The second mission of our organization is "**to break through occupational gender stereotypes.**"

Many people think that women are not suitable to do physically demanding jobs, such as pilots, maintenance workers or firefighters, because these jobs require a lot of physical strength.

Accordingly, we would like to show some successful evidence to prove women can do these jobs very well.

> to break through occupational gender stereotypes →女性に対する職業上のステレオタイプを打ち破る

These years, many corporations **are changing the traditional concept gradually**. Far Eastern Air Transport said those women **maintenance workers** who work in their company get their hand on repairing airplanes. Women are more careful than men, so they can do very well when they are repairing **complex parts**. Although men are physically stronger than women, women still use others capabilities to prove they could do that.

> are changing the traditional concept gradually →だんだんと伝統的な考え方を変えている　maintenance workers →整備士　complex parts →複雑な部分

Ms. Fuji Ari

"Where there is a will, there is a way"

1ˢᵗ female captain in Japan

In addition, the first Japanese female captain, Ms. Fuji Ari said most people thought women **could not do as well as men**. It might be one of the reasons why not so many women **do not aim for being a pilot**. There is no difference between men and women about their skills. Like this, occupational gender stereotypes **may become an obstacle** when women **pursue their dreams**, but actually, **"Where there's a will, there's a way."**

Education

~ Less Stereotypes, More Dreams ~

Lecture : make people realize
the stereotype and have a hope

Event : try not to let children have
the stereotype from young ages

Conclusion

To make women happier.

I ┌ **Fashion Library**
  └ **Makeup Machine**
II **Events & Lectures**
        in Occupation

Less Pressure, Better Society

---

could not do as well as men →男性と同様にできない　do not aim for being a pi-
lot →パイロットになる目標をもたない　may become an obstacle →障害かもしれな
い　pursue their dreams → 夢 を 追 い 求 め る　Where there's a will, there's a
way →意志あるところに道は開ける

Consequently, **in order to reduce** occupational gender stereotypes, we will organize
a lecture and invite the leading character to share their own story. **Furthermore,**
we will hold events at schools and communities, everywhere for children to experi-
ence those kinds of jobs.

Our aim is to help more and more women **keep having dreams**, less and less occu-
pational gender stereotypes will remain.

---

consequently →従って　in order to reduce →減らすために　furthermore, we
will hold events →さらにイベントを開催していきます　keep having dreams →夢を
持ち続ける

Conclusion

Under our missions, **we would like you to think** how much money and time you
spend on your clothes and cosmetics.

And **look back to your past**, remember if there is a moment when you give up your
dream just because you're a woman?

These examples we have mentioned are our ideal and **possible ways to make wom-**
en's lives better.

We can live in a society where we feel less pressure and we stand up for our better life in the future by establishing this organization, we could **be a trigger** of a better society.

Let us feel happier and it will also lead the world to a better place for everyone.

And **this happiness is what we call well-being**.

"Take an action, Make it better" This is all the references on each slide.

Thank you for listening.

---

we would like you to think →皆さんに考えていただきたい look back to your past →自分を振り返ってください possible ways to make women's lives better →女性の人生をよりよくする be a trigger →引き金となる this happiness is what we call well-being →この幸せは「ふくし」とわれわれが呼ぶものです。

6．日本福祉大学、温州大学 (中国)

【当日の動画】

国際福祉開発学部は「海外フィールドワーク演習」という体験学習の科目を設定しています。カンボジア、フィリピンなどを2週間にわたり訪問するのですが、訪問前に協定校の学生たちはWYMに参加して、ともに協働英語プレゼンテーションに取り組んでいます。この協働作業の中で、参加国を教科書の国から、友達の住んでいる国へと変え、英語がどのように交流や、作業、相互理解の中で機能するかを把握します。2018年度はこのチームで、WYMの内容をさらに発展させ、韓国忠北大学で開催されたInternational Conference For Media in Educationに参加しました。

1．日本福祉大学事例 (QR：ビデオclip 学生音声 ファイル スクリプト)

［プレゼンテーションタイトル］The Use of Social Media for Educational Purposes

［構成］日本と中国のSNSの特徴を語る。学生の使い方の比較から教育活動

での利用の指針を示す。

[ここが**素晴らしい**] ビジュアルな構成。2種類のアンケートデータを効果的に活用。体験に基づくイメージの変容紹介。クリアーな力強い発話、誰もが十分に理解できる英語の選択。立ち位置、移動、ジェスチャー。誰もが聞き取れる Delivery Rate（発話スピード）。

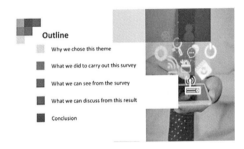

Hello, everyone! We're Toshiki, Sho, Yuki, and Shiho from Nihon Fukushi university.

And I'm Yating from Wengzhou university.

Today, we'd like to talk about the use of social media in education between Japanese and Chinese students.

This is our outline.

At first, we'd like to tell you why we chose this theme for our presentation.

These days, many people, often use social media for many purposes such as chatting with friends and using the Internet.

But some experts say, many problems **have occurred** because of the wrong use of social media. So, we should know how to use it in better ways.

> have occurred →起きている

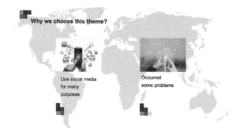

But how can it be related to well-being?

Well-being has different aspects, so it's not only for people with handicaps but also for everyone.

Then we decided to **spotlight** the effective use of social media in education.

spotlight →焦点を当てる

For that, we focused on the use of social media between Japanese and Chinese students to **clarify** the scope of our survey.

The purpose of this presentation is to make clear the future view of the better use of social media, considering the differences between us. But before we tell you what we found, we'd like to tell you about the well-known social media in China.

clarify →明らかにする

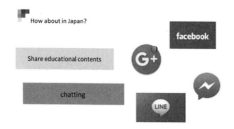

What is WeChat?

WeChat is the most famous social media in China. About one billion people use it in some way.

In China, we can't use big social media like LINE, Facebook and Google.

Instead of those, WeChat became one of the most popular social media with useful functions.

Now, having WeChat is needed for Chinese people.

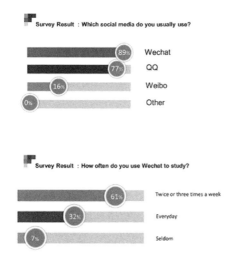

Survey Result : Which social media do you usually use?

- Wechat 89%
- QQ 77%
- Weibo 16%
- Other 0%

Survey Result : How often do you use Wechat to study?

- Twice or three times a week 61%
- Everyday 32%
- Seldom 7%

And it has some learning functions. For example, we have a platform where students can answer teachers' questions. And when they communicate with students overseas, they can use a video call.

In short, Chinese people can do many things only with WeChat.

But how about Japan? We can use Google Plus or Facebook to share educational content. However, LINE or messenger that we use for chatting doesn't have that kind of function. We use some different tools depending on the purpose.

Because of that, what kinds of differences in the use of social media can be found? To understand this better, we carried out two types of surveys.

Firstly, we talked with teachers, specializing in education, to confirm the **validity** of our questionnaires' items. Secondly, we gave questionnaires to students.

> validity →有効性

Please pay attention to this picture.

It indicates which social media Chinese students often use. As you can see, WeChat is the most used social media among Chinese students. And as for this picture, it shows how often they use WeChat for their studies. Most students use WeChat more than once a week, because they know some learning functions. Although many students use it for chatting, they can use it in education as well since both functions are included. So, it's possible for students to get annoyed using it for their study when they like to chat on it.

But as this result shows, most of them use WeChat to study.

And surprisingly, 70％ of them don't feel bad about using it even if their teacher might enter the students' personal space.

We can see they like using WeChat to study.

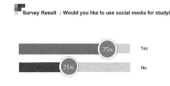

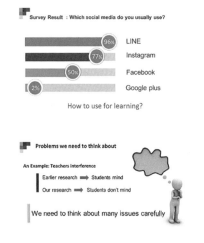

Then what about Japan?

They use some famous social media in their daily life. But when they study, they use unfamiliar social media and they seldom do it, because most of them don't know how to use it for their studies.

However, more than 70% of Japanese students say they'd like to use social media in education.

But **unlike** WeChat, familiar Japanese social media doesn't have learning functions that are easy for students to use.

unlike →のようではなく

What can we say from these results?

We think social media will be more essential for us to use in education.

So, we should know how to use it in practical ways.

However, there are some points we have to think about.

For instance, some earlier research shows that most students don't want to use social media with their teachers.

But our results show that most Japanese and Chinese students don't mind using social media with teachers. **With thinking about such an issue carefully**, we need to look for better ways to use social media. And now, we're realizing it!

Learning is not only taking lectures, but going into wider fields by ourselves.

For this event, we used some social media to discuss how to make a good presentation.

Thanks to that, we all can stand here today! Like this case, using social media for international collaborative learning can make us consider and realize the better use of social media for learning, and we believe it will improve our own well-being.

> with thinking about such an issue carefully →それらの問題を丁寧に考えるならば

Finally, we'd like to summarize our presentation. In this presentation, we clarified the differences of social media use in Education between Japan and China. From these differences, we can think about better ways of using social media in education. We also **pointed out** what we need to care about using social media **effectively**. For our bright future, we should take responsibility for making better use of social media. When we can make it, we will see the bigger world filled with well-being.

And everybody, let's take a first step together as a member of this international society! Thank you for your kind attention!

> pointed out →指摘した　effectively →効果的に

7. その他特徴ある、韓国・日本学生の協働プレゼンテーション

「How to Overcome the Political Issues」

【日本福祉大学　韓国チョンナム大学との協　　【学生録音ファイル】
働プレゼンテーション】（スクリプト付き）

C hapter 5

国際会議に参加しよう

1. 自分の力を見せよう：大学生、大学院生、一般社会人、参加の国際会議原稿

　海外でボランティアをした経験のある人、国際交流の経験のある人、あるいは海外の友人と大学生の意識調査をしたことがある人。ぜひその実践を国際会議で発表してみてください。自分の学びや実践を国際的な舞台で発表することは、大きな勲章となります。

　その経験は以下の証明ともなります。

・英語が活用できる。
・世界と連携しながら仕事ができる。
・異文化を持った人とコラボレーションができ、成果が出せる。
・活動を振り返り、英語で小論文が書ける。
・オフィシャルな場で英語プレゼンテーションができる。

　国際会議といえば、敷居が高く、自分には関係がないと思う人もいるかもしれません。しかし、最近では、多くの人に門戸を開いている国際会議も存在します。

1. 論文ってどう書くの⁉

　参加のために投稿する論文では、自分の意見や発見を、論理的に、裏づけをもって主張したり提案したりします。国際会議で自分の意見を主張するためには、ルールとも言える標準的な形式 IMRAD の順で書かれることが一般的です。序論（Introduction）、方法（Methods）、結果（Results）、and、考察（Discussion）です。英語、日本語にかかわらず、論文の基本構成であり、「イムラッド」と発

音されます。これに加え、通常は、パッと見てわかる結論（Conclusion）でまとめるのが一般的です。また、冒頭には、概要（Abstract）を記載します。

これらの構成要素について見ていきましょう。

[論文構成]

論文概要（Abstract）どんな論文？という答えを1分で語るつもりで、概要を書きます。「──を対象にして、──を調べたんだよね。その結果──ということがわかって今後──の方面に役立つと思うよ」とイメージして、200ワード程度で書きます。以上のように、ここは、導入の文章ではなく、IMRADのすべての情報を簡潔に記述することになります。

序論（Introduction）なぜこのことに興味を持って調べるようになったのか？　同じ分野で、これまで他にどんな人が研究をして、どんなことを明らかにしているのかを、簡単に書きます。明らかにしたいねらい・目的についてもここに書きます。

方法（Methods）目的を実現するためにどんな研究方法をとったのかを記述します。読む人が再現できるよう、その方法、実践について書きます。研究方法の具体例としては、アンケート調査、インタビュー調査、各種の実践などがあげられます。

結果（Results）方法を実行することによって得られた結果を書きます。アンケート調査を行ったのであればそのデータを載せて説明することになります。インタビューの場合には、その結果を記述します。ここには、自分の意見ではなく、事実を記述します。

考察（Discussion）得られた結果について、なぜそうした結果になったのか、その結果からどのような知見が得られるのかについて吟味します。説得性に注意しながら、著者として自分の意見を述べることになるのがこの部分です。

結論（Conclusion）その研究から得られた主要な結論を書きます。この研究実践

によって、自分が学び、忘れたくないことを何よりも自分のために書き上げます。それを伝えるつもりで文章に残すのです。結果・考察を踏まえた「まとめ」ですので、結果にも考察にも記載されていないことが唐突に出てくることがないように留意しましょう。

　これまでに述べてきたプレゼンテーションと、大きくは変わりません。ただ、論文には、新規性・独創性、有用性、信頼性が必要といわれています。革新的な研究成果は簡単に得られるものではなく、そのために、調査・研究の目的はしっかりと絞り込み限定し、小さなことでも構わないので、執筆する論文独自の内容について記述します。有用性は、論文から得られる知見が、読んだ人にとって有用である必要があるということになります。信頼性は、考察している内容や導き出した結論が妥当なものである必要があるということです。結論は、上記の通り、「まとめ」です。本格的な論文の場合には、論拠とともに詳細に考察することになり、文章量も長くなる傾向にあります。論文による発見や著者の意見の主張を短時間で把握できるよう、考察で論じたことの要点を結論として簡潔にわかりやすく記述します。つまり、考察と結論の内容は、一般的に重複することになります。そのため、短い論文の場合には、考察と結論を分けずに、一緒にするケースもよく見られます。

　記述レベルは、国際会議を主催する学会の文化により変わるところもありますので、投稿しようと思う学会の過去の論文をいくつか見てみるとよいでしょう。以下では、ICoME での論文例を紹介します。

２．学部生の論文発表

　学部生２年生の事例です。調査研究の内容はさらに深められますし、論文としても、改善点の必要も残るものですが、等身大のサンプルとして批判的に見てみてください。

　この論文では、日本と韓国で学生が行ったアンケート調査をもとに、自分た

ちが学んできた体験学習の特色を座学と比較・分析しました。伝統的な教授法
として各国で行われている座学以外のスタイルに注目し、同じ項目で、文化の
異なる日本と韓国で調査したところに新規性があるといえます。体験型の学習
により得られる成果について述べた上で今後の方向性について論じており、こ
うした学習を実施しようとする教員にとって有用な情報になると思われます。
そして、アンケート結果を用いた数値的なデータで示すことで、信頼性を確保
しようとしています。以下、まずは、基本構成について見ていきます。

■ 1. 基 本 構 成

　前述したように、Introduction, Methods, Results, and Discussion という構
成で論文を書きます。査読（学会レベルにふさわしいか、プログラム委員で判断）す
る時にはこれらの基本的な構成が押さえられているかも、チェックされます。
この例では、2ページと短い文章のため、Discussion and Conclusion と、考察・
結論をまとめて書いています。ただし、IMRAD の順番は、基本的には変わる
ことはありません。

タイトル

執筆者名前、E-mail、所属

Introduction　序論

Methods　方法

Results　結果

Discussion and Conclusion　考察、結論

（1）タイトル

　「体験学習から学べること」
とされています。全体の主張を
イメージさせる内容となるよう、
いくつか準備し、その言葉から
何を連想するか、友人に聞くな
どするといいでしょう。短くて
漠然としたタイトルよりも、説
明的に多少長くなっても、具体
的で中身の把握しやすいものが
好ましいとされています。今回
であれば、例えば、「日韓大学
生の体験学習事例の分析と今後の方向性の考察」などとしてもよいかと思いま

す。

（2）Introduction：序論

　自分たちのこれまでの体験学習に取り組む様子や先行研究について記述します。またこの分野における類似の先行研究についても触れます。

　そしてこの調査がどのような意味をもつのかも記述します。一般的な調査活動に終わらないよう気をつけ、その有効性については、最後の結論（Conclusion）で再度取り扱っています。

（3）Methods：方法

　研究の方法として日本・韓国両国でアンケート調査を行ったことについて、時期、方法、質問内容、対象は誰なのかについて書きます。読者が再現できるように意識して記述します。

　今回はアンケート調査を行い、その結果から見えるものを記述することとしています。アンケートの対象、主な質問項目、選択肢の形式なども記述します。

（4）Results：結果

　メソッドで示した方法で調査・研究を実施した結果、事実を記述します。ここでは、アンケート調査の結果について記述します。特に、日本、韓国のアンケート結果で特徴的な違いが見られる部分など、注目すべき点があれば、それをわかりやすく記述します。必要に応じて、数量を提示しながら具体的に述べるとよいでしょう。

（5）Discussion and Conclusion：考察とまとめ

　２ページと短いため、考察とまとめを一緒にしています。上記の Result で述べた結果について、今回は、アンケート調査から得られた結果に触れながら、日本、韓国の社会背景も踏まえ、分析に基づき著者としての意見を語ります。イントロダクション部分での記述、研究としての「問い」を意識しながら、結論を書いていきます。

　実際の記述例も含めて見ていきます。

■ 2. 英文記述と IMRAD（イムラッド）論文の構成と記述

［Title］タイトルで体験学習の学びについての調査であることを知らせています。

What can be Learnt from Experiential Learning

［Introduction］体験学習について、先行研究に触れながら説明しています。

Experiential learning exists when a personally responsible participant……（Hoover and Whitehead 1975, p.25）.

研究の目的もここで述べています。

In this report, we would like to clarify what can be learnt from……

Furthermore, we will look into the possibilities of experiential learning……

［Methods］目的を実現するための方法として、今回、日韓でアンケート調査を行うことを述べています。

we gave the questionnaire which……

　また、方法を明確に、仮に同様のことを確かめたい人がいた場合に、同様に実施できるということを意識して、具体的な調査人数、アンケート項目なども記載しています。

In Japan, the sample size of this study was 100 undergraduate students……

The questionnaires consisted of questions below.

［Result］Method で述べた方法で調査を実施した結果を、事実として、自分たちの主観・意見を、この段階では含めないように意識して記述しています。

韓国、日本の別に、アンケート調査の結果を記載しています。

Korean research

Korean students have a positive understanding and recognition about experiential learning（N＝83, 79.8％）.

Japan research

Japanese students（about 90％）also have a positive understanding and recognition about experiential learning.

［Discussion and Conclusion］Results に記載された結果になった理由、こう

した結果から言えることについて考察しています。具体的には、体験学習から学べること、体験学習の効果は認識しながらも実施率が低い理由を考察しています。

By experiencing such specific learning, they learned……For example, ……

Because of this social convention, they didn't have time to consider……

さらに、日韓の社会背景の違いを踏まえ、学生たちの望む大学教育のあり方を提案しています。

We recommend that universities have to offer……（略）

Introduction で記述した「目的」に合致した内容を考察し、結論として導き出していること、そのように記述されていることを確認します。

最後に参考論文を記します。

［REFERENCES］Hoover, J. Duane and Carlton Whitehead（1975）など

■ 3. 学部生論文 ■

（1）論文例

What can be Learned from Experiential Learning

論文はここからダウンロード

【ワードファイル】

（2）プレゼンテーション例

プレゼンテーションファイル全体はここからダウンロード

【学生プレゼンテーション】

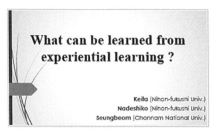

What can be learned from experiential learning ?

Keila (Nihon-fukushi Univ.)
Nadeshiko (Nihon-fukushi Univ.)
Seungbeom (Chonnam National Univ.)

Good afternoon ladies and gentlemen. Our presentation is entitled "What can be learned from experiential learning?" Nowadays, experiential learning is evident in different universities in almost all parts of the world. And we are no exception.

Before we begin firstly, let us define experiential learning.

Hoover and Whitehead said, a student effectively processes knowledge, skills or attitudes in a learning situation characterized by a high level of active involvement.

Experiential learning uses the concept of a community of inquiry.
This concept comprises three dimensions:
Social presence which is to deepen friendship.
Cognitive presence means to deepen knowledge by using ICT functions.
Teaching presence leads us to the outcomes.

Experiential learning is an active phase of learning wherein students learn by being directly involved in a learning experience. On the other hand, academic learning is the process of acquiring information without the necessity for a direct experience rather than having ready-made content in the form of lectures.

Both methods aim at instilling new knowledge in the learner, but academic learning

The World Youth Meeting

is more abstract and includes classroom-based techniques while experiential learning actively involves the learner in a concrete experience.

Let us introduce you to the experiential learning events we've participated in.
This picture was when I talked with my Japanese friends through Skype to discuss and conclude our research for ICoME.
And as you can see, in the pie chart on the screen, it led us to develop our cognitive presence. ICT functions definitely helped us in making the presentation even when we were not working face-to-face but we still were able to work on our presentation together.

（3）優秀プレゼンテーション（音声　プレゼンテーションファイル）

"The Power of ZEST for Global competencies.

「グローバル人材能力への力」は体当たりで、4年間、国際連携授業、英語プレゼンテーション、海外での国際交流プロジェクトに参加してきた学生の「英語能力の獲得」を述べた ICoME2018、韓国大会での発表です。

本人の音声と、ゲイリー先生、そして英語プレゼンテーションファイルをご覧ください。本人の立ち位置、心の向きが明確に表現されている発表です。

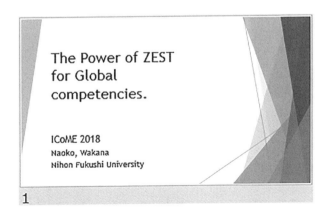

Objectives

▶ The way to improve the power of zest for Global Competencies.

▶ How to enhance Visual Presentation Skills

▶ How authentic settings work for students

2

Methodology

▶ 1. Class room activity focusing on Visual Presentations.

▶ 2. An International Event, World Youth Meeting

▶ 3. Asian Students Exchange Program in Taiwan

3

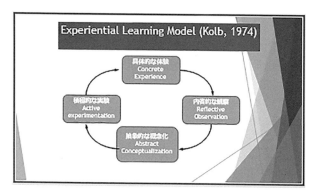

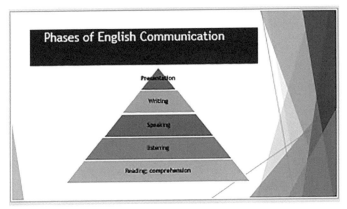

【発表 PPT スクリプト】

【本人音声】

【Gary 先生音声】

4. 研究者論文例

1. ICoME での4ページの発表論文とプレゼンテーションスライド

EDU-Port Japan

Enhancement of English Education in Cambodia through ICT

Keitaro Kageto

Abstract: We, undergraduate students, visited the Teacher Training college (PTTC) in Cambodia almost every month to enhance the ICT education and interactive learning that were at the core of a new course of study proposed by the Japanese Ministry of Education, Culture, Sports, Science, and Technology.

ICT and interactive learning were combined to enable Cambodian students to practice reviewing the design of English learning programs that look toward Cambodia's future. We devoted ourselves to the volunteer work to share successful innovations in the field of education in Japan with Cambodia.

Keywords: Digital video clip, EFL, Cambodia support, Education Ministry of Japan project

Introduction

Background of the study

In 2016, MEXT launched the EDU-Port project. This project aims to share successful innovations tested in Japan with other Asian countries where the Japanese education system is highly valued. These innovations have been highly praised, both at home and abroad. Every year, outstanding achievements are presented at various international forums, allowing foreign education ministries to gain deeper insight into the Japanese education system. One of these achievements is the school-cleaning customary implemented. Every country is eager to switch from the "chalk and talk" style of teaching to a learner-centered Paradigm (Reigeluth, 2016).

While respecting the differences between Cambodia and Japan, we would like to focus on what we can do for Cambodia. The per capita GDP is US$1,300 in Cambodia, compared to US$38,800 in Japan.

When we think about the future of English education in Cambodia, we should focus on tourism, which accounted for 15% of Cambodia's GDP in 2011. We see tourism as a key industry in this country, largely dependent on international tourists.

In 2017, MEXT approved our proposal for a study focusing on ICT education and the interactive learning method. This project is based on instructional design theory, such as the ARCS model (John Keller, 2010).

Goals of the study

Our study aimed to elucidate strategies for enhancing learning in a PTTC in Siem Reap. To develop elementary teachers' basic English communication skills, more attention should be paid to ICT demonstrations, which is also the approach we adopted.

We identified the following goals for our study:

· To familiarize students with ICT equipment.

· To disseminate skills in enhancing small-group interactive learning, which had already been tested in Japan.

· To use students' experiences at the PTTC to instill confidence in them to try ICT even after graduation.

Methodology

While visiting this PTTC, we implemented several strategies, already tested in Japan, to set up ICT education and interactive learning. We visited the TTC almost every month, while university student volunteers stayed back for more than two months.

PTTC students

Most of the students at the PTTC are aged 18–20 years. They are selected after they pass a difficult and competitive entrance examination. Around 200 students for one grade are selected from a pool of 4,000 candidates. After two years of training, with a few exceptions, they are hired as primary school teachers. Those who are selected are highly motivated to be well-trained primary school teachers. One of the aims of this

Figure 1. Cambodia and Japan

project is to conduct an ICT practicum with them.

Design for future classrooms

Figure 1 shows a TV conference in progress. In this figure, the teacher is engaged in a TV conference with the professor. The theme is instructional design. Attention, relevance, confidence, and satisfaction are the key dimensions in learning.

Video clips (Japanese product) and projector

An English teacher tutored students to speak key sentences repeatedly, trying to drill rhythm and intonation. English is a foreign language in both Cambodia and Japan. Therefore, adequate practice, through speaking and pronunciation drills, is very important (Kageto, 2015).

Student volunteers from Japan conducted several demonstrations. They showed the students how to use the projector and video clips according to the Japanese lesson plan, and focused on interactive learning. At the end of a lesson, group work was conducted by the student volunteers. In 2014, the Education Ministry of Cambodia set forth a strategic direction for English education in primary schools.

Interactive learning

At the end of a video clip training, students were challenged through interactive learning, in which they formed groups and initiated interactive conversations based on given roles. For example, they played the roles of A, B, C, and D.

During this practice, students were required to participate in self-directed learning. They had to choose one sport and give it as an answer. This training surely improved the cognitive

Figure 2. Teaching practicum

abilities of the EFL learners（Kageto, Sato, & Kirkpatrick, 2012）.

Teaching practicum at local elementary schools

Figure 2 shows a teaching practice session in progress at a primary school. The teacher in this case was a student from the PTTC and was teaching English to fourth grade students. The teacher used not only the methods of drill and shadowing, but also gave the students the opportunity to try interactive learning. After the groups were formed, students took turns asking and answering.

Results

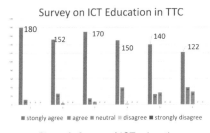

Survey on ICT Education in TTC

180 152 170 150 140 122

stongly agree agree neutral disagree strongly disagree

Figure 3. Survey of ICT education

Figure 3 shows the results of a survey of ICT education. We administered the questionnaire to 200 second grade students at the provincial PTTC. We started this project in November 2017 and conducted the survey in February 2018. Only four months had passed, resulting in a limited period for evaluating the project.

The survey questions were as follows:

Question 4, "In the near future, do you want to use video clips in your English lessons," received 150 "Strongly agree" responses and 20 "Agree" responses. However, survey respondents said it might be difficult to arrange ICT equipment when they became teachers.

Conclusion

The EDU-Port project is now expanding in Cambodia（EDU-Port Japan, 2018）and includes ICT utilization and interactive learning. These methods have been tried and tested in Japan in the fields of EFL learning and ICT education (World Youth Meeting, 2018). We expect the methods of the Edu-Port project to be disseminated in other areas and other PTTCs. Each teacher from a PTTC will go on to teach at least three classes per year. Nearly 150 students could learn and practice English with each teacher. Since about 200 students graduate from a PTTC every year, each crop of graduates could end up influencing as many as 30,000 primary pupils every year.

This project will succeed as long as the students at PTTCs feel that a new method for ICT education will be valuable. We would like to enhance the ties between Cambodia and Japan. One specific reason is the higher gender equality among the younger generation in Cambodia, compared with other countries. As for the project's washback effect, schools in Japan could review their own high-quality educational environment and more firmly follow the direction suggested by the "New course of Study," proposed by MEXT (MEXT, 2018).

References

Charles M. Reigeluth (2016). *Instructional-Design Theories and Models, Volume IV: The Learner-Centered Paradigm of Education.* Routledge.

EDU-Port Japan (2018). last retrieved on July 2, from https://www.eduport.mext.go.jp/en/

Kageto, M. (2016). International Collaborative Learning, focusing on Asian English. *International Journal for Educational Media and Technology*, 10 (1), 3-10 (1).

World Youth Meeting (1999-2017). last retrieved on February 13, 2018, from http://www.japannet.gr.jp/

■ 2. プレゼンテーションファイル

【IMRAD に基づいたプレゼンテーション展開】(2018年 ICoME カンファレンス)

1

EDU-Port Project
Enhancement of English Education in Cambodia through ICT

Japan Society for Educational Technology

2

Outline

- 1 overall of the Project
- 2 Provincial Teacher Training Center
- 3 ICT Education and Interactive Learning
- 4 Method of ICT Education
- 5 Survey on ICT Education
- 6 Conclusion

3

Introduction
Comparison between Cambodia and Japan

	Cambodia	Japan
GDP per Capita in 2017	USD 1,30	USD 388,00
Teachers' Monthly income	USD 250	US 3,000
Principal	US300	US 9,000
Advancement rate to secondary	60-75 %	100%
Tourism	GDP 15% (2011)	0.7%

4

Methodology:
The lesson with Video Clips

5

Result: Survey on ICT Education

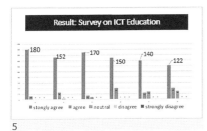

180 152 170 150 140 122

■ stongly agree ■ agree ■ neutral □ disagree ■ strongly disagree

6

Provincial Teacher Training Center in Cambodia

5. 学部生のポスター発表

　ポスター発表は、写真のようにポスターを掲示してその前に立ち、調査・研究内容について発表する形式です。聞き手とより近い距離で、対話的にやり取りを進めていくのが一般的です。スライドをプロジェクターで投影してプレゼンテーションする場合と比べて一度に発表を聞いてもらえる人数は限られますが、気軽に意見交換することができ、より深い議論につながりやすい形式です。発展段階にある調査・研究を発表するのには、聴衆からの意見・コメントももらいやすく適しているといえます。ポスター発表で用いるポスターの構成も、基本的に論文と変わりません。具体例で見ていきましょう。

【フルサイズのポスターは Web からダウンロード】

Differences in enjoyment of SNS-based learning between Japanese and Chinese undergraduates

Ⅰ. Introduction

These days, many people, including students like us, often use social media for many purposes. It is necessary for us to use social media in a daily life. Under these circumstances, the goal of this study is to pursue the effective use of social media in Education. To achieve this goal, as the first step, we compare the difference of the social media use between Japanese and Chinese university students, and discuss what kind of insight we can obtain from it.

Ⅱ. Method

We conducted questionnaire surveys to students of Nihon Fukushi University in Japan and Wenzhou University in China, and asked how they use social media in a daily life, and how often they use social media for educational purposes. We also interviewed some particular people for ensuring the result of questionnaires, and we discussed all the results which we got form our survey. In addition, we focus on the international collaborative event as the example of the better use of social media for education.

Ⅲ. Results

1.China

According to the result, WeChat is the most famous and used social media among students.

And as this result shows, most of them can utilize WeChat for educational purposes.

2.Japan

In case of Japan, students also use some media for their study.

In other words, they would like to know how to use it. However, unlike Chinese famous social media like WeChat, Japanese one does not have learning functions that are easy for students to use.

3.Social media use in collaborative learning

We have been collaborating for an international collaborative event, called world youth meeting (WYM). It gathers many participants from both Japan and some Asian countries, then they give joint-presentations with multi-national members. They need to discuss what they present before they meet face-to-face, and they generally use social media to make it.

As for our group, we have communicated with each other to discuss how to make our presentation through WeChat. We have regularly conducted a video conference to make a presentation. As the result, we all have made successful collaboration thanks to the use of social media.

Ⅳ. Discussion

We think social media will be more essential for students to use for educational purposes since many students are willing to do it. Sato, Kageto, and Kirkpatrick (2013) showed examples of social media use in project-based learning and pointed out the nature of posts is different for each social media platform. Therefore, we should learn how to use recent social media effectively and in practical ways. We think that one way to think about better use of social media is to use it for ourselves as students. In our case, we have used it in our collaborative learning, WYM, as described earlier. This practice made us consider and realize a better use of social media. Using social media for educational purposes can play an important role for our experiences and study.

Ⅴ. References

Madge, C., Meek, J., Wellens, J., & Hooley, T. (2009). Facebook, social integration and informal learning at university: 'It is more for socialising and talking to friends about work than for actually doing work'. Learning, Media and Technology, 34(2), 141-155.
Sato, S., Kageto, M., & Kirkpatrick, G. (2013). Analysis of Informal Use of Social Media in Formal Project-Based Learning. International Journal for Educational Media and Technology, 7(1), 26–37.

Possibilities of Virtual Reality application to foster thoughtfulness

Possibilities of virtual reality immersive feeling

When we watch a 360-degree video with a virtual reality (VR) goggle, we can feel as if we were really there. It provides virtual experiences which are difficult to have in our daily life. People who watch the video feel as if they were the main character.

We came to have an idea that such immersive feeling will help people foster thoughtful mind.

Recording and Editing of 360-degree videos and Experiment

We recorded and edited two 360-degree videos. One is the video in which a wheelchair student is going to the station from the university with another wheelchair student. The other is the video in which a wheelchair student is moving through a crowded area.

We conducted an experiment to consider the effect of such 360-degree videos to foster thoughtfulness. First, users answered a pre-questionnaire, then they experienced the video, and finally they answered a post-questionnaire. We also interviewed them based on their answer of the questionnaire.

Recognition before VR experience

26.4%
Video

Game
67.9%

50 people had VR experiences.

Thoughtfulness

Many people could compare as a wheelchair user.

Different perspective

take a long time

After VR experiences, 50 people said I will care or help when you see a wheelchair user.

Yes.
51 (100%)

100%

Conclusion

Through the experiment and the surveys, we found that 360-degree videos have potentials to foster thoughtfulness and to make people more empathetic. We would like to deepen our knowledge more about 360-degree video which differentiate from usual video and pictures.

6. 卒 業 論 文

　卒業論文は、だいぶ長くなりますが、基本構成は変わりません。いくつかの調査・研究から構成される際には、Methods、Results、Discussion のセットが複数回登場するようなケースもありますが、その際にも、IMRAD のどこを記述しているのかは、常に意識しておくと良いでしょう。

　以下、実際の卒業論文の例を見てみましょう。50ページほどからなるものですが、各章を見ていくと、IMRAD で構成されていることがわかります。以下、タイトルと目次です。

[タイトル]

Learning design that deepens our learning: Lasso the opportunity in limited time

学びを深める学習デザイン：限られた時間の中でチャンスを引き寄せるには

[目次]

　Introduction に相当するのは、「1．Background」、「2．Definition」になります。1章では、研究の背景を述べるとともに、1.3では、学生が行う短い期間でのフィールドワークから深い学びを実現するための知見を得るという、本研究の目的が明記されています。2章では、この論文での重要概念や用語について、誤解のないように定義を述べています。

　Methods に相当するのは「3．Methodology」になります。本論文では、自身のフィールドワーク体験を質的に分析していくことが述べられています。この際、分析の裏づけとして用いる理論について、先行研究を参照しながら述べています。

　Results に相当するのは「4．Details of my Fieldwork」になります。各種のフィールドワークの実際が詳細に述べられています。ここでは、当該のフィールドワークの目的、実際に体験したことなどが、「事実」に基づいて淡々と

述べられており、「感じたこと・考えたこと」など、自らの意見は基本的に含まれていません。

　Discussion に相当するのは「5．Discussion」になります。

　自身のフィールドワークを質的に分析し、また、Kolb の体験学習のサイクルに照らし合わせながら分析し、学びを深めるために重要なポイントについて吟味し、著者としての意見を述べています。

［プレゼン資料例（抜粋）］

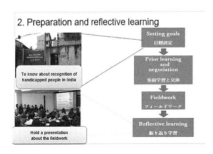

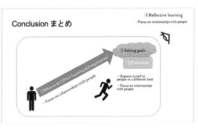

■ 7．ICoME での発表 ■

　こうした身近な発表の場としては、International Conference for Media in Education（ICoME）という国際会議があります。日本、韓国、中国、アメリカを中心に展開しており、フィリピン、インドネシアなどの東南アジアからの参加もあり、例年200名程度が参加・発表しています。日本からは100名近い参加があり、学部生も多く発表していました。自分たちの国際連携プロジェクトの

発表、中国・韓国の学生との協働調査の発表、海外フィールドワークの経験などです。共通言語としての英語を使い、まとめて発表・議論する舞台となっています。発表までの流れを確認していきましょう。ICoME を例として紹介しますが、多くは同様の流れで行われています。

> 発表まで
> 概要（Abstract）の提出——採択通知（Acceptance）——論文を提出——会場で
> 英語プレゼンテーション

　採択され、論文を提出し、英語でのプレゼンテーションをこなしたことは大きな業績となります。学生であれば、卒業時には「この人は、積極果敢に世界に打って出て、堂々と意見を述べている。それも論文が提出でき、プレゼンテーションもこなしている」＝英語が使え、自分の思いや研究を発表できる力、グローバル人材としての力をもっていると評価されることでしょう。ここまで学んできた英語プレゼンテーションの手法を少し推し進め、学術的な発表の作法を押さえることで十分に対応できます。

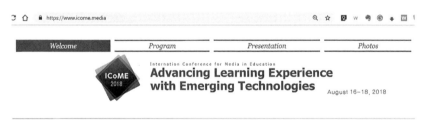

ICoME のサイト（https://www.icome.media/）

　このサイトには、学部生発表のポスターセッションの2ページの論文や、大学院生の論文、一般研究者の論文が掲載されています。論文は公開されており（無料）、発表プログラムを通じて、発表論文を読むことができます。

8. 学 術 論 文

　国際学会での発表予稿集用の原稿は、一般的には論文と区別されていますが、よくできた原稿は論文へと通じるものですので、ここまで「論文」として記載してきました。では、論文誌に掲載される論文とはどのようなものでしょうか。以下のサイトには、2007年から2017年までの10年間のものが掲載されています。掲載されている論文の多くは、ICoME で発表された研究・原稿の改訂されたものとなっています。中には、大学2年生、3年生の論文も見られます。

　http://jaems.jp/contents/icomej/icomej.html

　研究者は、国際学会で発表した論文をさらにブラッシュアップし、国際論文誌への投稿を目指します。論文誌へ掲載するのは、一般的に、国際会議で発表する以上に大変です。提出した論文は、同分野の専門家により査読され、意見を踏まえて再改訂の上、最終的な掲載となります。査読の過程で論文としての質、研究の成果が不十分と判断され、掲載されないこともあります。こうした困難を突破してジャーナルに掲載された論文は、全世界の研究者から参照される可能性のあるものということになります。

　参考までに、研究者による学術的な論文の具体例も Web に掲載しています。実際に査読のある国際論文誌に掲載された論文です。投稿後、査読者2人からのコメントが返され、その指摘に対応する修正をした上で再投稿し、掲載が認められました。自分では完璧に書いたつもりでも、第三者の目が入ると不足する点に気づいたり、自分では発想しえなかった視点を得られることがあります。それゆえ、論文投稿を行うことは恐ろしくもあり、逆に、それが興味深くもあります。

【論文詳細】

【参 考 文 献】

＊本書執筆にあたり、原著論文、学会論文、関連サイト並びに以下の文献を参考にしました。

つばさをもったインターネット　影戸　誠　日本文教出版　（2001年）
実践プレゼンテーション―日本語・英語で挑戦　影戸　誠　他著　日本文教出版（2003年）
実習情報基礎　影戸　誠　監修　インプレスジャパン　（2006年）
記憶力を強くする　池谷裕二　講談社　（2017年）
一分で一生の信頼を勝ち取る法　矢野　香　ダイヤモンド社（2014年）
即効！伊藤サムの反訳トレーニング　NHK出版　（2018年）
ネイティブに通じる英語の書き方　伊藤サム　（2007年）
スティーブ・ジョブズ　驚異のプレゼン　カーマイン・ガロ　日経BP社　（2010年）
プレゼンテーションZEN　第2版　ガー・レイノルズ　丸善出版　（2014年）
学習設計マニュアル　鈴木克明、美馬のゆり　編著　北大路書房　（2019）
世界のグロービッシュ　ジャン＝ポールネリエール　デイビッド・ホン　東洋経済新報社
　　（2011年）
CLIL（内容言語統合型学習）渡辺良則、池田　誠、和泉伸一　上智大学出版　（2012年）
CLIL　新しい発想の授業　笹島　茂　編著　三修社　（2015年）
音で読む英語　千田潤一　IBC　（2014年）
職場が生きる人が育つ「経験学習」入門　松尾　睦　ダイヤモンド社　（2015年）
学習意欲をデザインする　ジョン・ケラー著　鈴木克明監訳　北大路書房　（2010年）
意見・考えを論理的に述べる英語表現集　石井隆之　ベレ出版　（2007年）
メディア・リテラシー教育　中橋　雄　編著　北樹出版　（2017年）
英語論文レポートの書き方　上村妙子、大井　恭子　研究社　（2005年）
NHKトラッドジャパンBOOK　ふるさとジャパン　vol.1　NHK出版　（2010年）

＊関連英語論文・書籍

Kageto, Yuichi and Makoto Kageto（2016）"International Collaborative Learning, focusing on Asian English," *International Journal of Educational Media and Technology, Vol. 10 No. 1*

Kageto, Makoto, Shinichi Sato, and Gary Kirkpatrick（2012）"How to Enhance Self-Directed EFL Learning in an Authentic International Collaborative Learning," *International*

Journal of Educational Media and Technology, Vol. 6 No. 1, 2012

Kageto, Makoto and Shinichi Sato (2010) "Rethinking the University Learning Environment: How to Enrich Students' Education through a Constructivist Learning Environment," *International Journal of Educational Media and Technology, Vol. 4 No. 1*

Gallo, Carmine (2010) *"The presentation Secrets of Steve Jobs,"* New York: Mc Graw Hill

Kachru, B., Kachru, Y., and Nelson, C. (2009) *"The handbook of world Englishes"*: John Wiley & Sons

Charles, M. Reigeluth and Brian J. Beatty (2016) *"Instructional-Design Theories and Models Volume IV: The Learner-Centered Paradigm of Education"*: Routledge

Garrison, D. R. (2011) *"E-learning in the 21st century: A framework for research and practice."* London: Taylor & Francis.

Kolb, D. A. (1984) *"Experiential Learning: Experience as the Source of Learning and Development"* New Jersey: Prentice-Hall.

＊ Web Site

World Youth Meeting. (1999-2019) Retrieved September1, 2019, from　http://www. japannet.gr.jp/

Asia Students Exchange Program (2000-2018) Retrieved September1, 2019, from　http:// www.kageto.jp/asep/2018/

【執筆者紹介】

影戸　誠（Kageto Makoto）Ph.D.（情報学）　関西大学総合情報学部

　「ICT の教育活用」に25年取り組む。とりわけアジアを中心とした国際連携プロジェクトを推進し、参加学生、生徒の舞台上の英語プレゼンテーションの要素を分析してきた。英語を外国語として学び、EFL の国ゆえに使う場がないという日本、アジアで、発信に取り組むことの意味や、世界につながる生活について提案してきた。

　インストラクショナル・デザインの理論にささえられた国際連携、ICT、SNS の活用を取り入れた躍動感ある国際協働学習もまた研究対象としている。

　大学では「英語プレゼンテーション」「国際交流ファシリテーション演習」「情報科教科教育法」を指導。

内田洋行教育研究所研究員（2017-）日本福祉大学国際福祉開発学部教授（-2017）客員教授（2017-）

日本教育工学会評議員（国際連携担当）日本教育メディア学会評議員（国際連携担当）

著書「実践プレゼンテーション」（日本語・英語で挑戦）2003日本文教出版、など

ゲーリー・カークパトリック　Gary Kirkpatrick（Master of Science in TESOL）-アストン大学大学院　言語学修士

　日本における英語教育の特性を分析し、英語を E.F.L. として学ぶ日本の高校生、大学生、若手研究者さらには、留学生の英語プレゼンテーションの指導にあたる。国際連携などのオーセンティックな場面には、多くの重要な要素が含まれていることを指摘している。

　毎年行われる文部科学省後援行事「ワールドユースミーティング」の指導を2003年よりおこない、Script、Prosody の在り方を研究している。

　大学では「英語プレゼンテーション」「国際交流ファシリテーション」the Global and English Lounge での英語指導にあたる。

日本福祉大学国際福祉開発学部　助教、グルーバル English ラウンジ・ディレクター

佐藤　慎一（Sato Shinichi）Ph.D.（工学）東京大学工学系研究科

　ICT の教育活用に一貫して取り組み、とりわけ、国際交流、国内外フィールドワークなど、体験をともなう学習における効果的な ICT 活用を追求してきた。貴重な現場体験を自分の中に落とし込み、今後につなげていくための手段として、プレゼンテーション指導にも力を入れている。大学では「情報処理演習」「国際交流ファシリテーション演習」「情報科教科教育法」などを指導。

㈱三菱総合研究所　研究員（-2005）日本福祉大学（2005-）国際福祉開発学部教授（2014-）

日本教育メディア学会理事（国際ジャーナル担当）、国際ジャーナル（International Journal for Educational Media and Technology）編集長

監修

大久保　昇（Ohkubo Noboru）　株式会社内田洋行社長　日本教育工学会理事
　文部科学省日本型教育の海外展開推進事業（EDU-Port ニッポン）ステアリングコミッティメンバー（2016 – 現在）
　文部科学省「教育の ICT 活用指導力の基準の具体化・明確化に関する検討会」構成員
　本書の実践舞台となっている 2 つの国際連携プロジェクトに20年間寄り添い、英語プレゼンテーションを指導する。また、アジアにおける英語教育の在り方、国際連携と組織運営ついて助言。世界を歩き、第一人者と接しながら、端的でわかりやすい国境を超えるプレゼンテーションを実施している。

ICT 英語プレゼンテーション
—— ビジュアルとストーリーその事例から

2020年4月10日　初版第1刷発行

編著者　影戸　　誠

監　修　大久保　昇

発行者　木村　慎也

定価はカバーに表示　　印刷　新灯印刷／製本　川島製本

発行所　株式会社　北樹出版

〒153-0061　東京都目黒区中目黒1-2-6
URL：http://www.hokuju.jp
電話(03)3715-1525(代表)　FAX(03)5720-1488